阿 圖 色

徐 崇 溫 著

1999

東 大 圖 書 公 司 印 行

國家圖書館出版品預行編目資料

阿圖色／徐崇溫著. -- 初版. -- 臺北
市：東大，民88
　面；　公分. --（世界哲學家叢書）
參考書目：面
含索引
ISBN 957-19-2299-4（精裝）
ISBN 957-19-2300-1（平裝）

1. 阿圖色（Althusser, Louis）-
學術思想-哲學

146.79　　　　　　　　　　88012228

網際網路位址　http://www.sanmin.com.tw

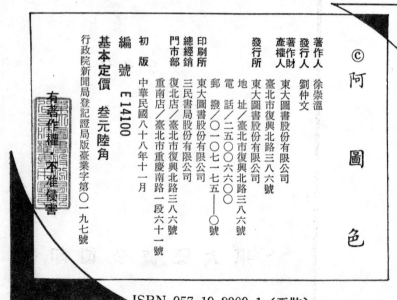

© 阿圖色

著作人　　徐崇溫
發行人　　劉仲文
著作財
產權人　　東大圖書股份有限公司
　　　　　臺北市復興北路三八六號
發行所　　東大圖書股份有限公司
　　　　　地址／臺北市復興北路三八六號
　　　　　電話／二五○○六六○○
　　　　　郵撥／○一○七一七五─○號
印刷所　　東大圖書股份有限公司
總經銷　　三民書局股份有限公司
門市部　　復北店／臺北市復興北路三八六號
　　　　　重南店／臺北市重慶南路一段六十一號
初　版　　中華民國八十八年十一月
編　號　　E 14100
基本定價　叁元陸角
行政院新聞局登記證局版臺業字第○一九七號

有著作權　不准侵害

ISBN 957-19-2300-1（平裝）

「世界哲學家叢書」總序

　　本叢書的出版計畫原先出於三民書局董事長劉振強先生多年來的構想，曾先向政通提出，並希望我們兩人共同負責主編工作。一九八四年二月底，偉勳應邀訪問香港中文大學哲學系，三月中旬順道來臺，即與政通拜訪劉先生，在三民書局二樓辦公室商談有關叢書出版的初步計畫。我們十分贊同劉先生的構想，認為此套叢書（預計百冊以上）如能順利完成，當是學術文化出版事業的一大創舉與突破，也就當場答應劉先生的誠懇邀請，共同擔任叢書主編。兩人私下也為叢書的計畫討論多次，擬定了「撰稿細則」，以求各書可循的統一規格，尤其在內容上特別要求各書必須包括（1）原哲學思想家的生平；（2）時代背景與社會環境；（3）思想傳承與改造；（4）思想特徵及其獨創性；（5）歷史地位；（6）對後世的影響（包括歷代對他的評價），以及（7）思想的現代意義。

　　作為叢書主編，我們都了解到，以目前極有限的財源、人力與時間，要去完成多達三、四百冊的大規模而齊全的叢書，根本是不可能的事。光就人力一點來說，少數教授學者由於個人的某些困難（如筆債太多之類），不克參加；因此我們曾對較有餘力的簽約作者，暗示過繼續邀請他們多撰一兩本書的可能性。遺憾的是，此刻在政治上整個中國仍然處於「一分為二」的艱苦狀態，加上馬列教

條的種種限制，我們不可能邀請大陸學者參與撰寫工作。不過到目前為止，我們已經獲得八十位以上海內外的學者精英全力支持，包括臺灣、香港、新加坡、澳洲、美國、西德與加拿大七個地區；難得的是，更包括了日本與大韓民國好多位名流學者加入叢書作者的陣容，增加不少叢書的國際光彩。韓國的國際退溪學會也在定期月刊《退溪學界消息》鄭重推薦叢書兩次，我們藉此機會表示謝意。

原則上，本叢書應該包括古今中外所有著名的哲學思想家，但是除了財源問題之外也有人才不足的實際困難。就西方哲學來說，一大半作者的專長與興趣都集中在現代哲學部門，反映著我們在近代哲學的專門人才不太充足。再就東方哲學而言，印度哲學部門很難找到適當的專家與作者；至於貫穿整個亞洲思想文化的佛教部門，在中、韓兩國的佛教思想家方面雖有十位左右的作者參加，日本佛教與印度佛教方面卻仍近乎空白。人才與作者最多的是在儒家思想家這個部門，包括中、韓、日三國的儒學發展在內，最能令人滿意。總之，我們尋找叢書作者所遭遇到的這些困難，對於我們有一學術研究的重要啟示（或不如說是警號）：我們在印度思想、日本佛教以及西方哲學方面至今仍無高度的研究成果，我們必須早日設法彌補這些方面的人才缺失，以便提高我們的學術水平。相比之下，鄰邦日本一百多年來已造就了東西方哲學幾乎每一部門的專家學者，足資借鏡，有待我們迎頭趕上。

以儒、道、佛三家為主的中國哲學，可以說是傳統中國思想與文化的本有根基，有待我們經過一番批判的繼承與創造的發展，重新提高它在世界哲學應有的地位。為了解決此一時代課題，我們實有必要重新比較中國哲學與（包括西方與日、韓、印等東方國家在內的）外國哲學的優劣長短，從中設法開闢一條合乎未來中國所需

求的哲學理路。我們衷心盼望，本叢書將有助於讀者對此時代課題的深切關注與反思，且有助於中外哲學之間更進一步的交流與會通。

　　最後，我們應該強調，中國目前雖仍處於「一分為二」的政治局面，但是海峽兩岸的每一知識分子都應具有「文化中國」的共識共認，為了祖國傳統思想與文化的繼往開來承擔一分責任，這也是我們主編「世界哲學家叢書」的一大旨趣。

傅偉勳　韋政通

一九八六年五月四日

序　言

　　在法國哲學界，阿圖色像一顆流星一樣，來也匆匆，去也匆匆：在六○－七○年代，因為提出了結構主義馬克思主義而燦爛奪目，自八○年代開始，因精神病嚴重發作、掐死其妻而住進了醫院，從此隕落下去。但阿圖色的影響仍然存在，他的思想觀點始終是西方馬克思主義研究中的熱門話題。

　　阿圖色的背景、思想和行動軌跡到底是怎樣的？人們從結構主義馬克思主義的興衰中，又究竟可以吸取到一些什麼樣的經驗教訓？過去由於材料不夠充分，總是說不透徹。九○年代，我陸續看到了阿圖色早期著作《黑格爾的幽靈》，阿圖色死後發表的遺著《未來延續了一個漫長的時間》、《事實》等等，解開了一些疑惑，特把它們提供的材料和阿圖色的理論著作以及國際學術界關於阿圖色思想的討論結合在一起，寫成本書，供大家研究參考。

徐崇溫
1998年5月於北京

阿圖色

目　次

第一章　阿圖色進行理論干預的時代背景

　　法國哲學家路易・阿圖色 (L. Althusser, 1918–1990) 在六〇年代中期發表《保衛馬克思》(*Pour Marx*)和《讀解「資本論」》(*Lire "le Capital"*) 兩書以後，曾經以反對自由化和人道主義 (humanism) 思潮的理論鬥士、「結構主義馬克思主義」(Structural Marxism)的主要代表而聞名於世，他的著作被翻譯成多國文字，不僅在法國、在歐洲，而且在遙遠的拉丁美洲等地，為人們所廣泛傳誦。可是到了八〇年代初，阿圖色卻又因精神病嚴重發作、掐死其妻被送進精神病院而轟動世界。阿圖色這種大起大落的生涯到底是怎麼一回事？這首先需要從時代背景的考察中來給予回答。

　　阿圖色在《保衛馬克思》1967年英文版〈致我的英語讀者〉中談到，為了要理解他所寫的東西並對它們作出判斷，關鍵是要認識到：他的作品是一個共產黨人哲學家在一種特殊的意識形態和理論局勢中所構思、寫作和發表出來的，是對這種特定局勢的干預。他所說的這種局勢，首先是法國的、同時也是國際共產主義運動的理論的和意識形態的局勢。因此，要理解阿圖色其人其文，又首先需要了解他進行理論干預的背景和時機。

一、赫魯雪夫對史達林個人崇拜的批判

阿圖色所說國際共產主義運動的理論和意識形態的局勢，首先是指支配這種局勢的、赫魯雪夫(N. Khrushchev, 1894–1971)對史達林(J. Stalin, 1879–1953)個人崇拜(personality cult)的批判。

1956年2月24日，在蘇共第20大閉幕的當夜，赫魯雪夫突然通知代表再次前往參加一個內部會議，參加蘇共 20 大的外國代表團，除波蘭黨的總書記貝魯特(B. Bierut, 1892–1956)、匈牙利黨的第一書記拉科西(N. Rákosa, 1892–1971)以外，都沒有被邀請參加。在會上，赫魯雪夫以蘇共中央第一書記的身份，用長達四個多小時的時間作了〈關於個人崇拜及其後果〉的報告。這個報告沒有對史達林進行全面評價，而只是揭露對史達林的個人崇拜及其嚴重後果。在報告中，赫魯雪夫列舉了史達林濫用權力、違反法制的種種表現：一是把黨內領導人對社會主義(socialism)建設的不同看法當作對敵鬥爭，由思想鬥爭轉向行政壓力；二是對黨政軍領導人進行大規模清洗；三是不遵守黨的集體領導(collective leadership)原則，以個人意見代替黨的決議，把自己凌駕於黨之上；四是採取一切可能手段來增加自己的光榮和聲望，使對自己的崇拜發展到了可怕的地步。最後，赫魯雪夫把這一切歸結到史達林好功厭過、剛愎自用和多疑的個人品質上。

在對史達林的個人崇拜掩蓋了教條主義(dogmatism)、從而阻礙蘇聯和國際共產主義運動進一步發展的錯誤進行清理的時候，提出和採取相應措施來解決這個問題，本來是有積極意義的。但是，由於赫魯雪夫的這個報告，對於個人崇拜及其產生根源沒有作出正確的歷史的分析，對於代表著蘇聯和國際共產主義運動一段重要歷史的史達林

的個人評價，不但沒有提到總結列寧(V. Lenin, 1870–1924)逝世以後無產階級專政(dictatorship of the proletariat)和國際共產主義運動的歷史經驗的高度去進行，而且對史達林的功過也缺乏全面、公正的評價，把錯誤全部歸之於史達林個人的品質，把史達林說成是「迫害狂」、「殘酷的專橫」、走上了大規模迫害的道路、走上了恐怖的道路等等，這就為全盤否定史達林、全盤否定蘇聯和國際共產主義運動這段重要歷史開闢了道路，也給西方敵對勢力敗壞蘇聯和社會主義、共產主義事業的聲譽提供了可乘之機。他們把赫魯雪夫大反史達林說成是「空前未有的合乎我們目的的舉措」，說要利用它「作為武器來摧毀共產黨運動的威望和影響」，並鼓吹由此促進蘇聯的「和平改變」。

再加上蘇共中央藉口揭露和批評對史達林的個人崇拜完全是蘇共的內部事務，一直沒有正式發表赫魯雪夫祕密報告的正式文本，反倒是美國《紐約時報》(*New York Time*)在1956年6月5日全文刊載了它所得到的赫魯雪夫的報告文本，這就使這個祕密報告在世界各地共產黨人的隊伍中引起的震盪和懷疑更加劇烈。在東歐各國，赫魯雪夫的祕密報告是使那裡多年積累下來的政治和經濟問題趨於激化的催化因素，並使反蘇情緒迅速發展，終於釀成了波蘭波茲南事件和匈牙利事件；在西方國家，赫魯雪夫的祕密報告引發了敵對勢力對共產黨的猖狂攻擊和人們對社會主義事業的懷疑，招致了那裡三分之一的共產黨員退黨。

二、人道主義思潮在國際共產主義運動內的廣泛泛濫

在理論和意識形態上，赫魯雪夫的祕密報告在法國共產黨和國

際共產主義運動中所造成的局勢，便是人道主義思潮的廣泛泛濫。

人道主義產生於十四－十六世紀歐洲文藝復興時期。針對著中世紀神學以神為中心、貶低人的地位的思想束縛，新興資產階級的思想代表提出以人為中心的人本主義 (humanitas)、人道主義思想，它在反對封建制度精神支柱的鬥爭中起過重大的進步作用，產生了深遠的影響，但在歷史觀 (view of history) 上是唯心主義 (idealism) 的。後來，空想社會主義離開具體的歷史條件，離開特定的社會關係來談論人性、人的本質 (the essence of man)，用這種抽象的人性、人的本質論去解釋歷史，把它當作人類社會歷史發展的決定力量，結果是始終沒有為人類解放找到現實的道路，也沒有改變資本主義 (capitalism) 世界的發展進程。直到馬克思主義 (Marxism) 的歷史唯物主義 (historical materialism) 以具體的社會物質生活條件為出發點來解釋歷史，確定了歷史發展的動力是生產力的發展，生產關係同生產力的矛盾、上層建築同經濟基礎的矛盾，以及在階級社會中表現這一矛盾的階級鬥爭，這才使社會主義由空想變成科學，並且超越了資產階級的人道主義世界觀 (world outlook)。

而赫魯雪夫全盤否定史達林，全盤否定蘇聯和國際共產主義運動中由史達林代表的這段重要歷史的結果，則在理論和意識形態上招致了把馬克思主義人道主義化的後果：人道主義被看作是衡量人類進步的最高標準和共產黨人奮鬥的最高理想，或者是馬克思主義被納入人道主義而成為馬克思主義世界觀的一部分，或者是人道主義被用來「補充」、「糾正」和「發展」馬克思主義，而成為馬克思列寧主義 (Marxism-Leninism) 的核心，或者是共產主義被說成是人道主義的最高體現、最高形式。

在國際共產主義運動中廣泛泛濫的人道主義思潮，主要表現為

三種形式：

一是把抽象的人置於中心地位，用人類的利益取代階級利益，把這種人道主義強加於馬克思主義的哲學世界觀。

二是到馬克思(K. Marx, 1818–1883)的早期著作、特別是馬克思的《1844年經濟學哲學手稿》（以下簡稱《手稿》）中去尋找理論根據。

三是片面強調馬克思主義和黑格爾哲學的連續性。

所有這些，在阿圖色生活於其中的法國共產黨的理論和意識形態氛圍(atmosphere)中，都有其強烈表現。這裡且以在1956–1970年間在法共中央分工主管意識形態的政治局委員、法共馬克思主義學習和研究中心負責人伽羅迪(R. Garaudy, 1913–)的著作為例來加以說明。

早在1957年出版的《馬克思主義者的人道主義》和1959年出版的《人的遠景》等書中，伽羅迪把馬克思主義說成就是人道主義，是為「一種完全適合於我們的人性的生活」而奮鬥，為「完全的人」服務的「真正的人道主義」；他藉口為對敵對勢力所謂的「馬克思主義不可能建立一種真正的人道主義」的指責作出答辯，鼓吹「資產階級越是以自由主義(liberalism)的幻想把人道主義變成一種騙人的東西，或者以拋棄民主原則來否定人道主義，那麼，被排除於人權之外的階級就越是要把這種人道主義作為一種革命的要求」。他認為，資產階級的人道主義只是由於新的生產資料所有制的統治，表明不可能實現文藝復興時期的種種崇高諾言，不可能成為馬克思所說的為完全的人服務的真正的人道主義，而馬克思主義為消除在文藝復興時期就已開始反對的奴役而進行的鬥爭，則開闢了具體實行人道主義的道路。在1964年出版的《卡爾・馬克思》一書中，伽

羅迪又把科學和人道主義等同起來。他說，馬克思主義是一種科學的世界觀，同時又是一種理論上和實踐上的人道主義；真正的人道主義的社會主義就是科學社會主義(sientific socialism)；馬克思主義是一種歷史地實現人的本質的實踐的和戰鬥的觀點。而在1969年出版的《二十世紀的馬克思主義》一書中，伽羅迪更把馬克思主義解釋成一種要把海德格(M. Heidegger, 1889–1976)、薩特(J. P. Sartre, 1905–1980)、弗洛伊德(S. Freud, 1856–1939)、胡塞爾(E. Husserl, 1859–1938)等人的「非馬克思主義思想」和「寶貴思想」統統包括進去的開放和多元的「人的哲學」(antropology)。

　　為了給這種把馬克思主義人道化的理論尋找根據，伽羅迪大量援引仍然殘留有費爾巴哈 (L. Feuerbach, 1804–1872) 人本主義遺跡的馬克思《手稿》，而且還把其中所說的異化同馬克思在《資本論》中提出的「拜物教」、「絕對的和相對的貧困化」等一系列原理等同起來；他還說馬克思主義的異化就是需要的異化，馬克思主義的批判就是以需要為依據的批判，當這種異化被消除以後，人就能完全地實現；他所滿足的需要，也將是「人的生活表現的一個全體的人」的需要。

　　在 1962 年 6 月 14 日法共中央召開的一次共產黨人哲學家會議上，伽羅迪在題為〈共產黨人哲學家的任務和對史達林的哲學錯誤的批判〉的長篇報告中，突出強調史達林排擠黑格爾，拋棄馬克思所採取的黑格爾學說的重要之點，不僅是歷史錯誤，而且是對馬克思主義的糟蹋，是歪曲馬克思列寧主義的閹割，並造成了同真正的馬克思列寧主義的實際分裂，因為不重視黑格爾的遺產，所以馬克思的世界觀中的一些主要因素就消失了，如：認識的能動性，勞動創造人，勞動的異化以及自然的、認識的、歷史的豐富的辯證法。

在同年發表的《上帝已經死了》等著作中，伽羅迪又把馬克思唯物地顛倒了黑格爾的、以矛盾為中心範疇的辯證法，說成就是自由的內在規律和創造的內在規律，這種辯證法的最大優越性，就在於通過對事物矛盾的一系列處理，找到具體生動的和諧。

正是這些，構成了阿圖色要進行理論干預的政治背景和時機。

在1974年發表的《自我批評論文集》中，阿圖色說，這些文本是在一個確定時機的明顯干預：在現存的馬克思主義哲學世界中的政治干預，矛頭同時指向教條主義和對教條主義的右翼批判，也是反對經濟主義及其人道主義附錄的、政治中的哲學干預。在1975年冬季號《激進哲學》(Radical Philosophy)上發表的一篇文章中，阿圖色又進一步展開說，要不是因為蘇共20大和赫魯雪夫對史達林主義(Stalinism)的批判以及嗣後的自由化，他永遠不會寫任何東西；而要不是他把這件事看作是一種拙劣的非史達林化，看作不是給人們提供分析，而是僅僅提供咒語，不是使馬克思主義概念通行，而是只有資產階級意識形態的貧困的右翼的非史達林化，他也永遠不會寫這些書。所以，阿圖色的攻擊目標很明確：所有這一切在法國共產黨知識分子中的影響，這些人道主義的瘋話，這些關於自由、勞動和異化的軟弱無力的論述。阿圖色自己的目標同樣明確：開始第一次從左翼批判史達林主義，一種使得有可能不僅反映赫魯雪夫和史達林，而且也反映布拉格和林彪的批判，它首先會有助於使某種實質在西方這裡回到革命的計劃。

總之，在阿圖色看來，蘇共20大對史達林個人崇拜的批判，被共產黨人知識分子普遍地當作「解放」來經歷，這種「解放」造成了深刻的意識形態反應，它在傾向上是「自由主義的」和「倫理的」，同時它又發現了「自由」、「人」、「屬於人的」和「異化」等陳舊的

哲學課題。這種意識形態上的傾向到馬克思早期著作中去尋找理論證明，而馬克思的早期著作則確實包含有關於人、人的異化和解放的哲學的議論。這種狀況自相矛盾地顛倒了馬克思哲學的局面，自從三〇年代以來，馬克思的早期著作就已經是小資產階級知識分子用來反對馬克思主義的一匹戰馬，他們先是一點一點地，接著是大量地把馬克思的早期著作用來對馬克思主義作出新的「解釋」，現在，許多由蘇共20大從史達林教條主義下「解放」出來的共產黨人知識分子，正公開發展著這種新解釋。「馬克思主義的人道主義」的話題和對馬克思著作的人道主義解釋，正逐漸地和不可抗拒地被強加於當代的馬克思主義哲學，甚至在蘇聯和西方共產黨內也是如此。之所以會發生這種情況，還因為它得到了蘇共和西方共產黨所規定的某些政治口號的直接或間接的支持，什麼「一切為了人」呀，和社會黨人、民主黨人、天主教黨人的聯合呀，和平過渡到社會主義呀，如此等等。

對於政治理論和意識形態局勢，阿圖色決定進行理論干預，以反對其危險的傾向。他說，他的干預是一種雙重的干預，或者說是兩個方面的干預：一是在馬克思主義的理論同危及馬克思主義理論的種種形式的哲學和政治的主觀主義(subjectism)之間劃清界限，首先是同經驗主義及其古典的和當代的各種變種如實用主義(pragmatism)、唯意志主義(voluntarism)、歷史主義(historicism)等劃清界限，這個干預本質上處在馬克思同黑格爾之間的對抗的領域內；二是在馬克思主義的歷史科學、哲學的真正理論基礎，同前馬克思主義的唯心主義概念之間劃清界限，把馬克思主義解釋為人道主義和人的哲學等等當代的理論，正是以這種唯心主義概念為依據的。這第二個干預本質上處在馬克思早期著作和《資本論》之間對

抗的領域內。

　　後來，阿圖色又擴大了他的理論干預的目標。他說，共產主義運動在理論方面的決定性任務之一，是反對資產階級和小資產階級世界觀，首先是要反對經濟主義和人道主義這個對立面，而和這種人道主義相連接的還有盧卡奇(G. Lukacs, 1885–1971)、柯爾施(K. Korsch, 1886–1961)的「理論上的左翼主義」，因為他們雖然也反對經濟主義，但卻否認上層建築和意識形態論述的任何效力，在他們看來，馬克思主義的理論僅僅是無產階級的歷史經驗的概念連接，它的真理內容完全取決於它對無產階級階級鬥爭的貢獻，這樣，他們就和第二、第三國際的「進化馬克思主義」一樣不能說明社會整體的本質。正是針對著這種弊病，阿圖色一貫企求保持理論的專門性和自主性，以便構造出一種避免「原因 — 結果」和「本質 — 現象」模式的馬克思主義版本。另一方面，為了徹底清算史達林主義，產生取而代之的積極辦法，僅僅使馬克思主義擺脫史達林的教條主義的束縛是不夠的，還必須用馬克思主義的觀點對馬克思主義本身進行總結，總結它源遠流長的歷史和探測它進一步發展的可能。史達林的教條主義的終結，並沒有使馬克思主義哲學得到解放，因為馬克思主義哲學所具有的東西，僅僅是有一點萌芽、一個開端、一些貧困的內容勉強湊集而成的，所以，必須對由於譴責個人崇拜而遺留下來的懸而未決的問題作出確定的回答。

　　再後，阿圖色又在進一步深入地談到他進行這種理論干預的目標時說，他的這種哲學干預如何地是一個共產黨員在工人運動中活動和保衛他的作品，以及為影響現實君主❶，他以一個想像的君主的名義說話；以及他如何極力模仿列寧的《做什麼?》 一書而把手

❶　指法共中央領導。

杖彎向「理論反人道主義」的方向，以便抨擊伽羅迪等等；以及他
如何地在這種干預中進行理論中的階級鬥爭，以便向「統治階級的
意識形態領導權」進行挑戰等等。

三、法國思想舞臺上從存在主義到結構主義的更迭

　　如果說阿圖色進行理論干預的政治背景是蘇共 20 大引發的人
道主義思潮在國際共產主義運動中的廣泛泛濫的話，那麼，阿圖色
進行理論干預的學術背景，則是薩特 (J.-P. Sartre, 1905–1980) 的存
在主義在第二次世界大戰以後在法國的風靡一時，以及從二十世紀
六〇年代開始的從存在主義到結構主義的思想更迭。前者決定了阿
圖色進行理論干預的動機和目標，而後者則決定了這種理論干預所
採取的形式。

　　二戰以後的法國，像一戰以後的德國一樣，存在主義(existen-
tialism)哲學曾經風靡一時。那是因為在戰爭中失敗以後，曾經從外
部給個人生活提供某種穩定的那些社會的、政治的、民族的、精神
的藩籬紛紛瓦解了，它使人意識到，在一個崩潰的世界裡，似乎只
有他自己的責任和自由了，於是作為資產階級文明遭到嚴重衝擊的
危機哲學——存在主義就流行起來。存在主義所表現的，正是人覺
得自己是赤條條無依靠的，因而對別的東西不再有任何幻想，只能
把自己完全託付給自己獨有的力量這樣一種心理上的紊亂，以及在
資本主義舊形式過時的時候人們對於新的出路的尋求。

　　存在主義認為，以存在及其規律為研究對象的西方理性主義
(rationalism) 哲學體系，由於把人的生活需要置於無足輕重的地位，
由於不研究個人生活的最重要尺度，無法為個人在複雜的世界上確
定目標。因此，它就把對於人的存在的根本問題的哲學思考提到一

個前所未有的突出地位，把人的問題當作哲學的基本問題，把人看作是任何一種哲學研究的出發點和中心主題，而理論之同個人、同個人的感情、情緒、體驗的緊密聯繫，則被奉為哲學研究的準繩。

在存在主義看來，哲學的任務不在於確定客觀世界的存在及其發展規律，而在於揭示和闡釋存在的意義，它所應當著力研究的，不是客觀的科學領域，而是純主觀性：應當從這種純主觀性中找到人的自由的、創造性的活動和人的真正存在的基礎和原則，並通過它們去探求一切其他種類的存在的意義和作用，因為這種純主觀性是產生一切客觀性的基礎。為此，它就打出要用某種更高的原則去取代傳統哲學中唯物主義和唯心主義的對立的旗號，尋找某種在劃分物質和精神、客體和主體之前就已經存在的更為「原始的」實在，把人的主觀感受中尚未意識到思維和存在對立的那些形式加以絕對化，把它上升為第一性、本原性的東西，在此基礎上去鼓吹「主體和客體的統一」。

薩特師承存在主義創始人的這種存在觀，但他又認為，存在主義哲學應該從「我思」出發，因為人不可能超越自己的主觀性，世界上的一切真理都離不開「我思故我在」，然而，薩特所說的「我思」，又和笛卡兒(R. Descartes, 1596–1650)所說理性主義的「我思」有所不同。在胡塞爾現象學方法的強烈影響下，薩特把「我思」解釋成一種神祕的情緒體驗和選擇能力，一種類似於胡塞爾用還原法剔除了客觀認識內容和主觀認識主體的「純粹意識」的東西，用薩特的話來說，就是「反思前的我思」——絕對無思者的思。他認為，這是一種把主體和客體、意識和外部世界融於一身的非反省的意識，由於意識具有自我意向性和超越性，即既指向自身又超越自身、指向客觀世界而達到客體，所以，薩特用它去證明外部事物和人的存

在。但是，「反思前的我思」又終究是一種意識，因此，作為薩特哲學出發點的「我思」，實際上又正是其他存在主義者所說的「我在」。

薩特通過關於「自在」和「自為」的關係的論述，來展開他關於人的意識同外部世界關係的觀點。所謂「自在」，是指客觀世界、客觀存在。它的特徵在於，它是純粹地、無條件地存在著，但它又是一個沒有任何目的的結構；從根本上說它是偶然的、不可思議的、荒誕的。所以，「自在」是一個巨大的虛無，在那裡不存在人所樂意設想的世界的條理性，在那裡既沒有存在的原因、目的和必然性，也沒有任何合乎人的預料、想像和意向的東西，而是混沌一片。自在還被自己所膠著著(glutinous)，和自身絕對等同，而不包含任何否定，不知道什麼變化；在那裡沒有自我運動、自我發展的任何源泉，它只是現在所是的那個樣子，而沒有過去和未來。所謂「自為」，則是指人的意識、人的自我，它純粹是預謀和意向，它是它現在所不是的東西，而不是它現在所是的東西。它處在永恆的流動變化之中，不斷地否定著自己，並通過否定和虛無，把自在展示為世界。

薩特認為，「自在」和「自為」是不可分的。自我與世界相互依存、密切相關。沒有世界，就沒有自我、沒有人，同樣，沒有自我、沒有人，也就沒有世界。他說，主觀是無力構成客觀事物的，非意識的存在，並不是意識活動所創造的，在意識揭示它之前，它就已經現成地在那裡了。自為也沒有給自在增加任何東西。但是，薩特又說，自在的存在是一個保守、惰性的存在，渾渾噩噩的一團，只有通過意識的揭示作用，它才呈現出秩序、條理和組織，從而才作為一個世界而出現。這就是說，在薩特看來，自在存在的意義、秩序和生命，又統統是由自為的存在所賦予的。

　　薩特還鮮明地闡釋了存在主義的第一原理即所謂「存在先於本質」的命題。他認為，人的本質是由人自己選擇的：首先有人，人碰上自己，在世界上湧現出來，然後才給自己下定義。所謂人首先存在著，其意思就是說，人首先是一種把自己推向將來的存在物，並且意識到自己把自己想像成未來的存在。人在開端就是一種有自覺性的設計圖，只是遵循人的計劃而成為的東西，而絕不是隨意而成的東西；他不僅就是他自己所設想的人，而且還只是他投入存在以後，自己所願意變成的人。總之，人是一種自我設計、自我選擇、自己規定自己、自己造成自己的存在物，「懦弱是自己造成懦弱，英雄是自己造成英雄」。薩特說，如果存在先於本質，就無法用一個定型的現成的人性來說明人的行動。換句話說，決定論是沒有的，人是自由的，人就是自由。薩特認為，存在先於本質，必須以主觀性為出發點，這種理論是唯一給人以尊嚴的理論，是唯一不把人還原為東西的理論。

　　與「存在先於本質」理論緊密相連的，是存在主義的自由觀(view of freedom)。在薩特看來，自由並不是一種被孤立起來加以考察和描述的人的心靈能力，也不是人的本質。自由也不是由人爭取得來的，因為人的存在就是自由；而且，人只是一種進行選擇的自由，是被處罰為自由、被投向自由、被拋入到自由之中的。而從自由同情境的關係來看，自由是絕對的，任何情境都不能構成對自由的限制，倒是人的自由創造情境，因為情境的意義是由人自由選擇的，因而是人的自由的產物。

　　薩特所說的自由，和人們通常所說的自由並不相同，它不是意味著人們在實踐中「如願以償」地達到自己的目的，而只是意味著選擇的自由，而這種選擇又是沒有什麼規律、標準、根據可資遵循

和依傍的，它是無條件的、無根據的、絕對偶然的。薩特認為，人就是在不斷地超越自己、投出自己、將自己消融在自己之外的時候，造成自己的存在的，它是這個超越的中心。薩特強調說，存在主義的人道主義就是這種超越性和主觀性的關係。它之所以是人道主義，是因為它提醒人：除了他自己以外，沒有其他的立法者；它提醒人：由於他是孤寂的，他只有由自己來作出決定。同時，如果人要體現自己是人，就不能轉向自己，而應當在自己之外尋求一個目標，這個目標恰恰就是解放自己，就是具體體現自己。

薩特的存在主義哲學，在個人與他人的關係上，認為每個人都想把他人當作對象、客體，又想極力擺脫自己成為他人的對象、被貶到物的水平、使人感到壓抑難受的地位，這就使人們相互之間處在緊張乃至衝突的關係之中。關於個人與他人、個人與社會的關係的這種觀點，表現在自由問題上，就是認為我的存在就是對他人自由的限制，所謂尊重他人的自由只是一句空話。在一個劇本裡，薩特甚至通過它的主人公的嘴喊出了「他人就是地獄」的口號。關於個人與他人、個人與社會的關係的這種觀點，表現在異化問題上，就是認為，當個人適應於社會的需要、履行社會所賦予的職責時，當個人在社會中與他人相處、受到他人的「注視」從而覺得自己成了一個「客體」時，就是處在無法克服的異化之中。後來，薩特又把人類社會中實踐的多元性說成是異化的根源。

這些，就是在戰後法國的思想舞臺上風靡一時的薩特版存在主義的主要觀點。

在二十世紀六〇年代以後，當資本主義重新進入一個相對穩定的時期，它的社會矛盾相對緩和的時候，存在主義作為一個哲學流派就開始了自己的衰落過程，它在現代法國哲學中所占據的統治地

位就被結構主義(structuralism)所取代。

　　阿圖色之所以會以正在崛起的結構主義作為自己理論干預的形式，並不單純地是一件趕時髦的事情，而是有著深刻的思想傾向上的原因的：首先是因為他所要進行干預加以反對的人道主義思潮，在思想傾向上是同被結構主義取代的存在主義相一致的，薩特有一篇著作，它的題目就叫做《存在主義是一種人道主義》；　其次，更重要的是因為結構主義的許多原理，乃至概念術語，都適合於被用來反對人道主義。因為從索緒爾(F. Saussure, 1857–1913)的同時態語言學開始的結構主義，它的一個極其重要的哲學含義，就是暗含著把主體從笛卡兒以來在哲學中所占據的位置上驅逐出去，主體不再是意義的源泉、字和客體之間關係的保證。新的語言觀 (view of language) 所展開的這種關於主體移位的含義，導致了主體的移心：即主體從思想的、語言的可靠基礎變成為某種既先於它、又超過它的關係的結果。所以，阿圖色認為最好用同結構主義的某些方面相連接的辦法去保衛馬克思的唯物主義。在阿圖色看來，結構主義具有和心理主義 (psychologism)、歷史主義相決裂的好處，而他在馬克思那裡所發現的，也不是一些任意的要素的組合，而是適合於構成一種生產方式的、性質統一的不同要素的結合，而且這種結構的和客觀主義的觀點，就意味著費爾巴哈式的　「人類學」(anthropology)、人道主義的死亡，所以他就和結構主義一起走了。

　　那麼，決定了阿圖色理論干預的形式的結構主義，它同存在主義的區別和界限到底在哪裡呢？

　　無論從歷史上還是從邏輯上來說，法國結構主義都是作為被法國存在主義推向極端的主觀主義方法的對立物，作為它的科學主義(scientism)的反動而出現的。

　　結構主義認為，存在主義把主體的作用絕對化，否定了任何客觀知識；認為存在主義把自然科學和社會科學對立起來，排除了把精密的研究方法應用於社會科學的任何可能性。結構主義主張在探索一種新的社會認識方法的構成中，應當從社會科學研究對象和認識過程中最大限度地消除主觀因素。正是在展開以「最大限度地消除主觀因素」為己任的模式和方法的過程中，結構主義展示了自己同存在主義的原則區別：

　　首先，存在主義頑強地表現人類主體的要求，它把人的主觀性作為哲學思維的出發點，認為世界上的一切都源出於主體的設計、選擇和創造，因而認為只有主體才是能動的。反之，結構主義卻認為，人只是構成結構的複雜的關係網絡中的一個關係項，它本身並沒有獨立性，只是由結構所決定的，因而是被動的、而不是能動的。正因為這樣，結構主義就對「人」、「主體」等概念加以猛烈的抨擊，結構主義之所以被看作是對存在主義的反動，一個極其重要的方面，就在於它對「人」、「主體」概念的這種抨擊，就在於它的這種反主體性、這種「主體移心論」。這就是說，結構主義否認個人在認識和實踐中的作用，也即否認思維主體能夠在認識論上居於哲學思考的中心地位，而把人溶化到客觀的、無個性的和無意識的結構之中，認為這些結構在決定著人的全部行為，它們就是人的全部生存的結構，而主體則是消極被動的，是某種外在力量的表現。歸結起來，結構主義認為，「我」、主體，既不是自己的中心，也不是世界的中心，而且根本就不存在這樣一個中心。

　　其次，存在主義從唯主體性出發，引出了人本主義。它認為世界上的一切存在物都因人而取得意義，並據此而把存在主義等同於人道主義。反之，結構主義則從其反主體性原理出發，否定了人本主義，

認為不是人賦予世界以意義，而是相反，是結構賦予人以意義。

　　再次，存在主義從唯主體性出發，引出了個人主義(individual-
ism)，而結構主義則從其反主體性出發，引出了反個人主義。如果
說，存在主義是一種存在論、價值論上的個人主義，並且赤裸裸地
鼓吹這種個人主義，把個人自由加以絕對化的話，那麼，結構主義
則從結構優先於個人的見解出發，強調集體性和社會性，標榜反個
人主義，貶低和否定個人的主觀能動性，因為在結構主義看來，個
人的意圖同語言領域中能指和所指的深層相互作用相比，只是一種
表面想像，因而個人意識是沒有什麼獨立意義的。

　　又次，存在主義公開反對科學，認為它導致人的「技術異化」，而
結構主義則標榜科學。列維－斯特勞斯(C. Levi-Strauss, 1908–)說，
在柏拉圖(Plato, 427–347 BC)、笛卡兒(R. Descartes, 1596–1650)和
康德(I. Kant, 1724–1804)所生活的偉大時代，哲學走在科學前面，
哲學推動著科學前進，今天則相反，現在科學每天都奇蹟般地擴大
著文明的認識，改變著文明的思維方式，因而哲學思考只能從科學
中吸取營養。而法國存在主義的代表薩特畢生為之奮鬥的目標之一，
則是要使哲學成為一個對科學封閉的領域。

　　最後，存在主義主張歷時性分析法 (diachronous analysis)，而
結構主義則主張同時性分析法 (synchronous analysis)。結構主義認
為，同時態分析是認識社會現象的主要原則和方法，因為社會生活
作為一個過程，從歷時態來說是不可認識的，但作為同時存在的幾
個體系的聚合體，從同時態來說卻是可以認識的。

　　歸結起來，二十世紀六〇年代初法國思想舞臺上發生的從存在
主義到結構主義的更迭，是指結構主義思潮適應於人們對戰後以來
一直占統治地位的存在主義哲學的主觀主義已經感到厭倦的情緒，

用對於概念、對於系統的熱情，去取代存在主義鼓吹的投身生活、致力政治的熱情，用無作者思想、無主體知識、無同一性理論，去取代存在主義鼓吹的人學。

第二章　理論干預前的阿圖色

那麼，對蘇共20大以後國際共產主義運動中人道主義泛濫、法國學術界中存在主義泛濫的嚴重局勢進行理論干預的阿圖色，他的家庭出身、經歷和背景又是怎樣的呢？

一、家庭出身

阿圖色在1918年10月16日上午4時30分，出生在阿爾及利亞比曼德利❶的波伊斯·布隆涅區林場的一間屋子裡。阿圖色出生的時候，由一位俄國女醫生接生，他生下來就是大頭，所以表兄和表姐都說他是「一個古怪的人」。那時，他父親已經9個月不在家，先是在前線參戰，遣返後又必須呆在法國。所以，在1919年3月以前，阿圖色一直和母親、外祖父母住在一起。

阿圖色的外祖父叫比埃爾·波格爾(P. Berger)，年輕時是一個正派的小伙子，歌唱得好，個子小，身材矮胖，稍微孤僻，人長得漂亮，還蓄了一嘴小鬍子；外祖母叫瑪德琳·納格托(M. Nectoux)，她是一個能幹的婦女。他們兩人原來都是涅夫勒省摩汶地區靠近福斯的貧農，因為在禮拜天常去教堂唱歌而相識，瑪德琳還參加女修道院辦的學校，因而就由那裡的修女給他們安排了婚禮。比埃爾在

---

❶ 離阿爾及爾15公里

林場附近出生，從小就夢想在將來成為馬達加斯加的一名森林看守官，但因瑪德琳不願意到比阿爾及爾更遠的地方去，而雙方的父母又不能為他們提供住房，所以他們只能在阿爾及爾最遠山區的森林看守官駐地定居。

外祖父的工作，一是從專啃嫩枝的山羊嘴裡保護林場並防止火災，二是在困難的地段繪畫出道路地圖並監督建路。這些工作要求他不分晝夜地在馬背上做非常艱苦的跋涉。有一個積雪的夜晚，外祖父單獨進山去幫助一個迷路的瑞典團隊，經過3個晝夜的長途奔波，最終把他們帶出了森林。為此，他因忠於職守而被授勳。

當外祖父外出艱苦跋涉時，外祖母就守著兩個女兒—大的名叫路西娜，她後來成為路易‧阿圖色的母親，小的名叫朱利葉—回憶往事講故事。「故事」中講得最多的，一是在「瑪格利特」暴動時，阿拉伯軍隊就在其林場屋子的附近通過，在最危險的晚上，外祖母常把一支實彈的來福槍放在膝邊，通宵不眠地守護著兩個入睡的女兒；二是有一次在外祖母攜其一個6歲、一個4歲的女兒到若卡山附近玩耍時，路西娜被渠道裡的水流沖走，幸好在快要消失時，外祖母抓住了她的頭髮才把她救了上來，使她幸免於難。

外祖父母的房子離城有15公里的距離，得走4公里再坐有軌電車到市中心政府廣場。有一次他們在進城時，遇到了森林和林場辦事處地方辦公室的工作人員阿圖色，他也是從法國移民到阿爾及爾來的，他有兩個兒子，大的叫查理，小的叫路易。從此，波格爾家和阿圖色家就經常來往。每逢星期日，往往是阿圖色一家到林場來拜訪波格爾一家。那時，波格爾家的兩位姑娘已進學校讀書，長女路西娜是模範學生，舉止和德行良好，在學校像尊敬自己母親那樣尊敬老師，幼女朱利葉則比較任性。在波格爾和阿圖色兩家孩子耳

鬢廝磨的不斷接觸中，雙方家長對自己兒女的婚配作了打算：波格爾家的長女路西娜匹配阿圖色家的幼子路易，波格爾家的幼女朱利葉匹配阿圖色家的長子查理。他們之所以作出這樣的安排，主要是根據孩子們的自然親和力：路易是一個和路西娜志趣相投、舉止良好的學者，他在性格方面沒有瑕疵，愛好詩和文學，準備進聖・克勞特的高等師範學校；而其兄長查理則不討父母的喜歡，且剛剛通過考試獲得學校證書，再加上家裡無錢供兩個兒子同時受教育，所以，在查理13歲時他父母就決定送他去銀行當一名送信童子。路西娜和路易一樣喜歡讀書，彼此相互理解，他們都有著純潔的熱情和脫離現實的夢想。不久，雙方的父母就讓他們訂了婚。

第一次世界大戰爆發以後，查理和路易都應徵參軍，查理進了炮兵部隊，路易則當了空軍，此後他們兩人或者一起或者單獨回來探親。1917年的一天，查理突然來到波格爾家說，路易在作為凡爾登上空一名飛行觀察員時已被擊落喪命。接著，他就把路西娜叫到大花園裡去，提議他應當取代路易的位置同她結婚。路西娜被路易的死訊驚呆了，又因查理的提議出人意料而嚇了一跳，但是因為這樣安排可以使兩家繼續走動，雙方家長都會同意，因而接受了查理的提議。

1918年2月，查理和路西娜在教堂正式舉行婚禮。路西娜比查理小11歲，她當時正在阿爾及爾蓋蘭特公園附近一所小學當教員，查理住了幾天就回前線去了，但卻給路西娜留下三個令人震驚的回憶：一是性情粗暴，而且早已和別的女人有染，結婚時還拋棄了一個名叫路易斯的貧窮而神祕的情婦；二是在一夜之間就把路西娜的積蓄吃喝消耗殆盡；三是他還讓路西娜辭掉教師的工作，在家裡為他生兒育女、侍候他。路西娜無奈，只得服從，但她卻無限懷念著

她死去的未婚夫路易，她之所以給她後來出世的兒子取名路易，也是為了紀念他。在路易之後，路西娜又生了一個女兒。長大以後，父母讓女兒學鋼琴，兒子學小提琴。

路易的父親查理在第一次世界大戰結束以後6個月返回法國，重回銀行。他是一個高個子，有一個長長的漂亮面孔，瘦瘦的很好看的鼻子，小鬍子，高額頭，極其聰明，由於在銀行裡深得上司的賞識，因而不斷得到升遷：他從送信童子幹起，逐漸升任阿爾及利亞銀行摩洛哥支行的經理，銀行駐馬賽辦事處的官員，里昂銀行的代理經理，馬賽銀行的經理。

在家裡，查理和他的妻子作了明確的分工：家務由妻子主持，他在外面管事。但當夫妻之間發生齟齬，日益長大的兒子站在母親一邊反對他、使他不能忍受時，他就跳起來衝出門去，把門使勁關得砰然作響，消失在黑夜裡，隨後又回來，悄然地獨自上床，不說一句話。

在銀行裡，查理以一種非常特別的方式領導其部屬：有一次，他的兒子去他的辦公室時，見到有個職員拿了文件去找他，他先是慢慢地看，不說一句話，然後兩眼望著天花板，對立等著的職員作少許的評論，隨後又嘀咕了幾句別人難以理解的話，這個職員就不再提出問題地離開了辦公室。他兒子對他說：「他們不理解你說的任何東西。」他卻說：「別擔心，他們懂。」據他的同事事後告訴他的兒子說：「我們很難理解你父親說的是什麼，我們常常就走出來，而不敢請他重複他所說的。我們照我們想的去做。」或許這就是查理允許其部屬去做沒有被明確規定的事情的方法。但是，在希特勒入侵法國期間，查理卻明確拒絕加入支持維希(Vichy)偽政權的銀行家協會，後來，他又是拒不參加法奸貝當的全國退伍軍人協會的唯

一的銀行經理。

查理的不斷升遷，對於阿圖色一家來說，就意味著要隨著他的調動而在阿爾及爾、馬賽、卡薩布蘭卡和里昂之間不停地搬遷，路易・阿圖色也得不停地變換學校：他先是在11歲時從小學畢業後，通過公立中學獎學金的考試，在阿爾及爾的利安堆公立中學就學；12–18歲時，他隨父親去馬賽的聖・查理公立中學讀書，不久就成為全班最好的學生之一，並在那裡參加了童子軍，任小隊領導；18歲以後，他又隨父親去里昂，先是在巴爾克公立中學讀書，並參加天主教青年運動，後又去巴黎高等師範學校預科學習。在那裡，老師裘東(Guitton)和霍爾斯(J. Hours)給他留下了深刻的印象。裘東老師教會他兩項以後在其事業的成功中發揮了重要作用的修養和作風：一是在寫作時要爭取最大可能的明確性，二是建構和解釋任何論文題目的藝術。霍爾斯老師則告訴他法國資產階級憎恨人民陣線，如希特勒進攻的話，資產階級將選擇失敗以躲避人民陣線；霍爾斯還教導他不要把全部希望寄託在特權者身上，而要寄託在法國普通老百姓的身上。在21歲時，路易・阿圖色以第6名的名次通過會考升入巴黎高等師範學校文學院；由於第二次世界大戰的爆發，他在9月就應徵到伊索伊爾的一個隸屬馬拉炮隊的預備士官生軍官團參軍，直到6年以後的1945年10月才得以入學。

二、參軍和被俘

1940年春，在路易・阿圖色被送到凡納斯去接受軍官團的最後考試時，入侵的德軍大量湧來，法軍指揮官宣稱要在那裡進行戰鬥，但在實際上，卻放棄了一個又一個的城市。叛徒萊勃魯將軍怕預備士官生軍官團可能是共產黨或者會成為共產黨，為防止他們向當時

仍在法軍手中的魯阿爾轉移，就讓他們在兵營裡待著，並設崗哨加以警戒，他對他們說：「如果你們拋棄兵營，你們就將被視為逃兵和被射殺。」 這樣一直等到德軍的坦克把兵營包圍起來並把他們俘虜。

德軍原來說在一週、一月內釋放軍官團，實際上卻用一長列運牲畜的卡車，連續四晝夜驅車把這些俘虜送到德國北部沙地和荒野中間桑特波斯戴爾的大俘虜營去，讓他們忍饑挨餓地在零下40度的氣溫下從事強迫流動，阿圖色在俘虜營中的學生難友都患了肺病被送回家中去了，他卻呆下來和來自諾曼第的農民、比利時的下等中產階級以及一些波蘭人生活在一起，並在因病住院後成為注射專家，不久又被俘虜營內的瑞格勒醫生指定為「主要護士」。

根據1929年日內瓦公約的規定，每個國籍的俘虜都可選出一名「值得信賴」的人同德國當局聯絡，第一個這樣的人選是瑞士卡車商賽羅蒂，他是因為德語講得好，由德國人挑選出來的。在德國人因其服役得好把他遣返後，又提名俘虜營中的「貝當鑒別會社」主席當候選人，但俘虜們卻祕密串聯起來，選出了無政府主義者、巴黎牙科醫生羅伯特・但爾(R. Daël)。但爾上任後，立即挑選能幹「貝當鑒別會社」主席當他的助手，並在一個月後就把他從俘虜營中遣返回去，然後就團結阿圖色等人當骨幹，從德國人那裡全部接過了從法國送來的食物、衣服和鞋子，停止了俘虜營當局的全面掠奪。他以自己的富於策略的行動使阿圖色懂得了什麼是尊重原則而又不簡單化的工作方法，懂得了計謀除包含欺騙的意思外，還可以對使用計謀的人和其他人帶來良好的後果。

在俘虜營裡，阿圖色從巴黎一個律師的嘴裡第一次聽到馬克思主義這個名詞。同時，他還在那裡認識了一個孤單的共產黨人比埃

爾・考來其斯(P. Courrèges)，此人一年前從專門關押被認為不可救藥的俘虜的蘭文斯勃洛克俘虜營轉過來，那時，但爾已被德國人視為不可信賴的人而為另一個人所取代，俘虜營內在但爾掌權前流行的同德國人妥協、向德國人屈服的氛圍又重新浮現出來。但是，考來其斯卻大義凜然地進行干預和鬥爭，結果使俘虜營內的氣氛又重新改變過來。這件事給阿圖色留下極其深刻的印象，使他開始對戰鬥的共產黨人產生巨大的尊敬，並使他認識到當一個人的活動以真正的原則為指導時，策略技巧就只有第二位的重要性。阿圖色認為，這是他在實際生活中上的第一堂共產主義教育課。

在盟軍解放法國以後，阿圖色於1945年5月從德軍俘虜營出來，回巴黎高等師範學校就讀。

三、早期著作

阿圖色1945年回巴黎高等師範學校以後，在科學哲學家加斯東・巴歇拉爾(G. Bachelard, 1884–1962)的指導下，在1948年通過題為《黑格爾哲學中內容的概念》(*On Content in the Philosophy of G.W.F. Hegel*)的論文，畢業後他就留在巴黎高等師範學校執教。在此前後，他還撰寫了一系列的論著，如：

1946年12月20日寫的〈正直感情的國際〉(The International of Decent Feelings)；

1947年8–10月寫的〈論黑格爾思想中的內容〉；

1947年下半年寫的〈人，那個夜晚——評柯熱夫的「黑格爾讀物導論」〉；(Man, That Night — Comment on A. Kojeve's Introduction à la Lecture de Hegel)

1949年2月寫的〈事實問題〉(A Matter of Fact)；

1949年12月25日－1950年1月21日寫的〈致讓‧拉克洛伊的信〉(Letter to Jean Lacroix)，批評拉克洛伊的著作《馬克思主義，存在主義，個人主義》(*Marxism, Existentialism, Individualism*)；

1950年11月寫的〈回到黑格爾，對學院修正主義的最後一語〉(The Return to Hegel–The Latest Word in Academic Revionism)（此文發表時所用標題為〈黑格爾，馬克思和伊波利特……〉(*Hegel, Marx and Hyppolite...*)）；

1951年1月寫的〈論夫婦之間的猥褻〉(On Conjugal Obscenity)；
……

但是，在阿圖色的早期著作中，直接涉及馬克思主義、從而提供了同他以後著作的對比的則是他在1953年所寫的〈關於馬克思主義〉(On Marxism)、〈關於辯證唯物主義的札記〉(Note on Dialectical Materialism)兩篇文章。這兩篇文章發表在哲學教師協會的專業性刊物《哲學教育雜誌》1953年第3卷第4期和第5期上。

〈關於馬克思主義〉一文包含「馬克思早期著作的問題」和「歷史唯物主義」兩部分。

在「馬克思早期著作的問題」部分中，阿圖色首先列舉了伊波利特(J. Hyppolite)認為直到《資本論》馬克思還忠於其原先的哲學直覺的觀點，以及社會學家古爾維奇(G. Gurvitch)保衛青年馬克思的直覺而反對馬克思的成年著作，聲稱後者的靈感是不同的和低下的觀點。然後提出他自己的看法說，如把馬克思的早期著作看作反映了青年馬克思的興趣，進入了一個由黑格爾哲學統治的世界中的思想領域，但借助於內部批評、歷史經驗和科學知識，他把這當作搞出一種獨創理論的出發點，那麼，我們就將把這些早期著作看作是過渡性的，就會到其中去尋找青年馬克思的思想軌跡，而不是馬

克思主義的真理。他說，這就是梅林(F. Mehring, 1846–1919)和科爾紐(A. Cornu)所捍衛的觀點。

隨後，阿圖色根據馬克思在《德意志意識形態》中的論述，又對馬克思早期著作進行分類：一是先於《德意志意識形態》的著作，包括《神聖家族》和《手稿》等或多或少地受德國「哲學」影響的著作；二是《德意志意識形態》，這是對這種「哲學良心」的一個批判；三是1847年的《哲學的貧困》，這是馬克思承認已完全具有其思維方式特徵的第一個科學文本。

阿圖色認為，馬克思早期著作問題的含義，同我們今天對馬克思主義的理解不是無關的。這是因為，如果馬克思和其門徒在其著作中只是例證和確證《論猶太人問題》或《手稿》中的哲學命題，只是企圖賦予黑格爾關於異化的終結和「歷史的終結」等哲學觀念以血和肉，那麼，馬克思主義就會喪失其科學地位而變成一種理想的體現。這種理想雖肯定動人，但卻是烏托邦的。因為像每種抽象的理想一樣，當它企圖使現實適合於自己的要求時，它就被理論矛盾和具體手段的「不純性」纏住了。相反地，要是馬克思主義和任何這種「哲學」觀念無關，要是它是一種科學，那麼，它就避開了理論矛盾和理想的實際暴政；它所碰到的矛盾就不再是從它的哲學主張中產生的矛盾，它提議對此予以科學的研究和實際的解決。

在該文的「歷史唯物主義」部分中，阿圖色認為，馬克思用歷史唯物主義此詞指歷史科學或社會發展科學，但在事實上，馬克思是把「歷史唯物主義」當作武器來使用的，其目的在於把他的事業同他那時的唯心主義歷史觀對立起來。馬克思希望把歷史科學不是建立在人們的自我意識或「歷史的理想目標」的基礎上，而是建立在生產力和生產關係的物質辯證法的基礎上，建立在歸根到底地決

定歷史發展的這個原動力的基礎上。阿圖色認為，歷史唯物主義的最深刻特徵，在於它不僅激勵政治行動，而且被實踐所證實、發展和豐富。在這裡，阿圖色還專門批評了索列爾(G. Sorel, 1847–1922)和波格丹諾夫 (A.I. Bogdanov, 1873–1928) 把歷史唯物主義當作一種適用於無產階級並表現其狀況和渴望的理論的觀點，以及把歷史唯物主義看作是「無產階級的意志」的觀點，指出這些觀點會導致把馬克思主義看作是一種沒有科學普遍性和客觀性的主觀 (「階級」) 理論。

〈關於辯證唯物主義的札記〉一文包含「辯證法」和「唯物主義」兩部分。

在「辯證法」部分中，阿圖色說馬克思主義者認為辯證法是科學方法的最發達形式，他們一面肯定他們自己是黑格爾辯證法的繼承人；另一方面，馬克思又宣布他的辯證法不僅不同於黑格爾的而且正好相反。恩格斯(F. Engels, 1820–1895)則肯定黑格爾辯證法只有在頭腳倒置以後才是可以接受的。這是什麼意思呢？阿圖色認為，馬克思主義者所拒絕的是黑格爾辯證法的教條主義的意思、作用和使用，即先驗圖式主義 (schematism)。這種教條主義不惜代價地把辯證圖式強加於現實，而這是和黑格爾的絕對唯心主義聯繫在一起的。然而，儘管馬克思主義者拒絕對辯證法的教條主義的應用及其哲學基礎，卻保留其「合理內核」，這就是相互作用、發展、質的「飛躍」、矛盾等辯證法的一般內容。這就是我們理解「顛倒」的意義，它既不依存於特定哲學體系，也不依存於一種內在德行，而是依存於絕對的「邏輯」必然性。辯證法只在其具體的應用中，在其科學的多產性中才是有效的。

另一方面，如科學的應用是辯證法的標準的話，那麼，這種應

用也決定了它的「法則」，只有這種應用才能通過使這些法則更加
精確，來確證、界定和修改辯證法本身的法則。馬克思目擊了逐漸
取消繼續標誌著辯證法最初定義的形式主義要素的有趣努力，史達
林使「否定之否定」不再保留在辯證法法則中間，毛澤東(1893-
1976)強調兩個新思想:「主要矛盾」和「矛盾的主要方面」，打算以
此來規定矛盾概念的具體結構。另一個值得注意的問題是，說辯證
法是一種科學方法，其意思是說：它只有表述了科學所知道的現實
的結構時，才能是一種發現或研究方法。在這裡發現的方法和現實
的結構是密切地相互聯結著的，它們在科學史上也總是那樣的。這
是辯證法法則定義的核心。

　　在「唯物主義」部分中，阿圖色從劃清庸俗唯物主義同馬克思
唯物主義的界限(demarcation line)入手。他認為前者否認思想、意
識和理想的實在性，而後者則拒絕把思想等同於物質，又賦予意識
以非常重要的歷史作用。接著，他又對那種認為唯物主義是一種從
絕對實質（原子、物質、身體）的物質要素出發來重建世界的「自
然的形而上學」的說法進行辨析。他說，這是一種物質在其中發揮
著黑格爾的理念的作用的「絕對知識」，馬克思、恩格斯把它叫做
「形而上學的唯物主義」。辯證唯物主義的本質特徵之一，正是拒
斥一切建立在「絕對知識」的基礎上面的教條主義。不是要由自然
的形而上學去演繹現實的結構，而是要由科學發揮發現現實的結構
的作用。

　　隨後，阿圖色指出，馬克思主義的唯物主義是回答基本的認識
論問題的：物質與精神、存在與意識哪個是第一性的？馬克思主義
認為，對這個問題的回答是科學實踐本身。在事實上實踐構成一切
真理的起源和標準。但這種觀點又是和實用主義不同的唯物主義的

命題，它從科學的「自發實踐」(這種實踐本身是人類實踐的一種特例) 中引出含義，直截了當地肯定外部實在的首要性。

馬克思主義認為實踐是一切真理的源泉和標準，但不在唯心主義的意義上為唯物主義命題提供法律上的基礎。唯物主義的認識論並不是「科學的科學」， 它並不是我們能用來演繹達到科學發現的一套原理。正是這一點把唯物主義理論同傳統哲學的認識論從根本上區別了開來，因為傳統認識論允許它演繹出牛頓物理學的法則，允許黑格爾演繹出數學、物理學、生物學、歷史學等等的科學範疇，允許胡塞爾 (E. Husserl, 1859–1938) 先驗地決定頭腦中的映像領域和科學對象的結構，而唯物主義認識論卻拒絕用自身去取代科學。唯物主義是由科學和在科學中得到證實的，因而我們要記住唯物主義所意味著的，一是拒絕一切「唯心主義的怪念頭」， 徹底批判一切唯心主義哲學；二是批判一切科學教條主義，它把科學和歷史中的危機不是理解為精神的「神聖勝利」，而是理解為科學和歷史的具體發展中的一個要素；三是拒絕一切抽象的形式主義(formalism)。

從阿圖色上述論述中，我們可以看出，同他後來發展出的「結構主義馬克思主義」理論相比，他的早期著作包含有三種不同的情況：

第一，有些觀點在其早期著作中就已經表現出來，只是在後來加以進一步的發展罷了。例如，強調馬克思的早期著作和成年著作的中斷性方面，而忽視它們之間的連續性方面。又如，站在唯科學思潮一邊，把科學同理想、意識形態絕對對立起來。

第二，有些觀點在其早期著作中僅是苗頭、萌芽，只是到後來才充分展現出來，這突出地表現在對黑格爾辯證法的看法上，在早期著作中，阿圖色雖然對黑格爾辯證法的教條主義、絕對唯心主義

有所批判，但還承認馬克思辯證法保存了黑格爾辯證法的「合理內核」，　這同他後來全盤否定馬克思辯證法同黑格爾辯證法有任何聯繫的看法是顯然不同的。

　　第三，有些觀點和他在以後所持觀點迥然不同，乃至截然相反。例如，阿圖色在早期著作中多次提到實踐是檢驗真理的標準，這同他後來提出的所謂認識論上的反經驗主義 (anti-empirism)，認為理論也是一種實踐，「理論實踐」本身就包含有把其產品弄確實的一定的「議定書」，　因而檢驗認識的真實性的標準問題壓根兒是一個假問題的觀點，形成鮮明的對照。

第三章　理論干預的產物：結構主義馬克思主義

　　阿圖色進行理論干預的產物，集中的體現在他於1965年發表的兩部著作：《保衛馬克思》和《讀解「資本論」》中。這兩本書的出版，標誌著結構主義馬克思主義的崛起。

一、結構主義馬克思主義的崛起

　　《保衛馬克思》是一本文集，其中除〈序言：今天〉係1965年3月所寫以外，其餘8篇文章都是1960年底到1965年初所寫的文章：其中〈費爾巴哈的「哲學宣言」〉係1960年所寫；〈論青年馬克思〉是1961年所寫；〈矛盾與多元決定〉和〈皮科羅集團，貝爾多拉西和布萊希特（關於一部唯物主義戲劇的筆記）〉係1962年所寫；〈卡爾·馬克思的《手稿》〉，〈關於唯物辯證法（論起源的不平衡）〉係1963年所寫；〈馬克思主義和人道主義〉係1964年所寫；〈關於「真正的人道主義」的補記〉係1965年所寫。該書在爾後的11年間再版10次，並被翻譯成英、德、意、西、日、中等多國文字出版。

　　《讀解「資本論」》原是在1964–1965年間由阿圖色主持的《資本論》研討會的產物，參加這個研討會的先後有朗西埃爾 (J. Ranciere)、埃斯泰勃來特(R. Establete)、巴利巴爾(E. Balibar)、馬

歇雷(P. Macherey)、杜洛克斯(Daroux)和米勒(J.-A. Miller)等人，其中有些人因為種種原因先後離去。1965年出版該書第一版時，由阿圖色、朗西埃爾、馬歇雷等人署名，1968 年出版該書第二版時，改由阿圖色和巴利巴爾兩人署名。在該書的三個組成部分中，〈從「資本論」到馬克思的哲學〉和〈「資本論」的對象〉兩部分是阿圖色所寫，第三部分〈歷史唯物主義的基本概念〉由巴利巴爾所寫。

1966年12月的一期倫敦《泰晤士報文學副刊》上，巴黎知識界的一位觀察者發表了一篇文章，提請人們注意：法國有一群和阿圖色的名字聯繫在一起的理論家正在崛起。

為什麼說阿圖色上述兩本書的出版標誌著一種新的結構主義馬克思主義的崛起呢？

從內容上說，首先是因為阿圖色的這兩本書，雖然原來只打算對蘇共 20 大以後國際共產主義運動中人道主義思潮的廣泛泛濫進行理論干預，但在實際上卻對現代西方學術界熱烈討論的有關馬克思的兩個重大問題，用正在法國思想界取代存在主義而占統治地位的結構主義的原理、概念和術語，提出了自己獨特的回答：一個是關於青年馬克思的著作同成年馬克思的著作、特別是《手稿》與《資本論》的關係問題，另一個是關於馬克思與黑格爾的關係問題。

關於青年馬克思同成年馬克思、特別是《手稿》同《資本論》的關係問題，從1932年《手稿》第一次公開發表以來，西方學術界經歷了二戰以前和二戰以後兩個階段的熱烈討論。

第一階段是在《手稿》剛發表時的討論。那時占統治地位的意見是青年馬克思和成年馬克思的對比和「回到青年馬克思去」的呼籲，這個階段的討論以德‧曼(H. de Man, 1885–1963)、馬爾庫塞(H. Marcuse, 1898–1979)、朗茲胡特(S. Landshut)和邁爾(J.P. Mayer)為

主要代表。

比利時社會黨人亨利・德・曼在1932年第5-6期《鬥爭》雜誌上發表的〈新發現的馬克思〉一文中，極力強調「新發現的《手稿》對於重新理解馬克思學說發展過程和全部含義具有決定的意義」，因為「它比馬克思的任何其他著作都更加清楚地揭示了他的社會主義情緒背後的倫理的、人道主義的動機」。德・曼把《手稿》說成是馬克思的某種自白，說它道破了那些作為馬克思後來一切著作的基礎，並包含有這些著作的隱蔽含義的、最深刻的人道主義價值和倫理價值，這種倫理的社會主義(ethical socialism)是真正的百分之百的馬克思主義。剩下的一個問題是：這種人道主義的觀點後來是被克服了，還是始終是馬克思學說確定不移的前提？對此，德・曼提供的答案是：或者這個人道主義的馬克思主義算作馬克思主義，那麼，無論是考茨基(K. Kautsky, 1854-1938)的馬克思主義，還是布哈林(N. Bukharin, 1888-1938)的馬克思主義，都必須徹底地重新加以修正；或者這個人道主義的馬克思主義(Humanistic Marxism)不算作馬克思主義，那麼，就另有一個人道主義的馬克思主義，人們可以引證它去反對唯物主義的馬克思主義(Materialistic Marxism)。

後來成為法蘭克福學派(Frankfurt School)著名代表的馬爾庫塞，也在1932年第8期《社會》雜誌上發表的〈論新發現的馬克思手稿〉中，說《手稿》給理解歷史唯物主義和科學社會主義理論的起源和本來的真正含義，提供了完全新的基礎。《手稿》的特殊意義，就在於馬克思在這裡把人看成是一般人，而不是僅僅看作一定階級的代表、生產的主體等等。馬爾庫塞認為，對於人的研究不但是《手稿》的中心問題，而且也是貫穿於馬克思所有著作中的一根主線。

朗茲胡特 (S. Landshut) 和邁爾 (J.P. Mayer) 在 1932 年萊比錫出版的《卡爾·馬克思 歷史唯物主義 早期著作》一書的前言中，說《手稿》具有奠基的意義，在某種意義上說是馬克思最重要的著作，是真正的馬克思主義的啟示錄。他們說《手稿》的中心思想，在於否認馬克思後期著作中所確認的把通過剝奪剝奪者來實現的生產資料的社會化和廢除剝削者看作是歷史的真正目的，而把人的本質的全面實現和發展作為最終目的。在這個意義上《手稿》又是馬克思思想發展的關節點，在這個關節點上，馬克思經濟分析的原則是從人的真正現實性這一思想直接產生出來的。所以，在《手稿》發現以後，《共產黨宣言》的第一句話應該改為「以往的全部歷史都是人的自我異化的歷史」。現在，恢復馬克思主義的人道主義的全部豐富內容已經成了當務之急。

第二次世界大戰的爆發，打亂了關於《手稿》的討論，使之暫時停頓下來，但戰爭結束不久，這場討論又迅速恢復，而且在更加廣泛的範圍內展開，不過占統治地位的觀點已不再是把青年馬克思和成年馬克思對立起來，而是否認兩者之間有什麼區別，是把成年馬克思說成在繼續堅持和發展著他青年時期的人道主義觀點。參加這場討論的，有現代西方哲學許多流派的代表，在短短20年左右的時間內，西方國家就出版了有關青年馬克思的專著上百部，論文數千篇。

神學家蒂爾 (E. Thier) 在為《手稿》1950 年科倫版所寫題為《青年馬克思和人本學》的評注中說，《手稿》的原文使人無須有馬克思較晚期著作的幫助，就可以對馬克思本人所理解的馬克思主義究竟是什麼這一點有一個最好的、有根有據的概念，但是，要是沒有《手稿》所提供的那個指導線索，就根本不可能理解較晚期的馬克

思主義。這個指導線索就是：它揭示了對人本身的本質和任務的理解是馬克思整個世界觀的主要源泉，它把人及其生活意義及哲學——社會學的人本學提到世界觀的中心地位。

新托馬斯主義(Neo-Thomasism)者霍梅斯(J. Hommes)在1953年發表於《格列斯協會哲學年鑑》下卷的〈從黑格爾到馬克思〉一文中，把人陷入深刻的自我異化、也即陷入同自身的矛盾，說成是馬克思的基本思想。他說，馬克思對對象世界對人的存在的意義所抱有根據的懷疑態度，再次證明了馬克思和祁克果 (S.A. Kierkegaard, 1813–1855)之間密切的血緣關係。

新黑格爾主義(Neo-Hegelism)者伊波利特在1955年巴黎出版的《馬克思和黑格爾研究》中說，從黑格爾和費爾巴哈那裡借用來的異化概念，是整個馬克思主義思想的基本概念和源泉，從這個概念出發,把人的解放規定為人在歷史過程中反對人的本質的一切異化❶的階級鬥爭，就可以最好地說明整個馬克思主義哲學，就可以最好地理解馬克思的主要著作《資本論》的結構。

新托馬斯主義者卡爾維 (J.-Y. Calvez) 在 1956 年巴黎出版的《卡爾・馬克思的學說》一書中說，只有異化概念才是理解馬克思學說的基本原理的鑰匙。他認為，馬克思早在青年時代就從黑格爾那裡接受下來的異化這一哲學範疇，構成他成年時期的《資本論》這一巨著的骨架。馬克思把異化問題轉移到了政治經濟學領域,《資本論》不外是包括經濟思想領域的異化在內的根本異化的理論，馬克思主義的核心就是旨在使人擺脫異化和使人能跟自然界和社會實現和解的革命調停的思想。

阿克頓(H.B. Acton)在《國際哲學評論》1958年第12卷上發表

---

❶　不管這種異化採取什麼形式。

的〈卡爾‧馬克思的唯物主義〉一文中說，馬克思一生都在重新改寫他以巴黎時期的《手稿》為最初底稿的著作。

　　弗洛伊德馬克思主義 (Freudian Marxism) 的代表弗洛姆 (E. Fromm, 1900–1980)在1961年紐約出版的《馬克思關於人的概念》一書中說，馬克思的哲學在《手稿》中獲得最清楚的表述，它的核心問題就是現實的個人存在問題，在《手稿》中馬克思所表達的關於人的基本思想，和在《資本論》中表達的老年馬克思的思想之間並沒有根本的區別。馬克思的哲學來源於西方人道主義的傳統，它代表一種抗議：抗議人的異化，抗議人失去他自身，抗議人變成物；而馬克思關於社會主義的概念，是從他關於人的概念推導出來的，就是從異化中解放出來，就是人回歸到他自身，就是人的自我實現，而社會主義則是一種允許人得以通過克服自己的異化而實現自己的本質的社會。

　　塔克爾(R. Tucker)在1963年慕尼黑出版的《卡爾‧馬克思——他的思想從哲學到神話的發展》一書中說，馬克思的最初的體系即《手稿》可以說明馬克思後來的一切著作，因為後者不過是前者的變形。馬克思首先是一個道德學家或宗教思想家之類的人，他認為科學社會主義是一個科學體系的舊觀點，正日益讓位於認為它實際上是一個倫理的、宗教的觀點體系的新觀點。

　　……

　　歸結起來，從二十世紀三〇年代到六〇年代，西方學術界在有關馬克思主義本質的問題上占統治地位的觀點，不論其採取把青年馬克思同成年馬克思對立起來的形式也罷，還是用青年馬克思去統一成年馬克思的形式也罷，都是要把馬克思主義人道主義化。

　　阿圖色的《保衛馬克思》、《讀解「資本論」》兩書之所以引起

人們的廣泛注意，首先在於他針對著這種傾向，力排眾議地第一個提出了在以青年馬克思的《手稿》和成年馬克思的《資本論》之間，存在著一個從意識形態到科學的「認識論上的斷裂」，而意識形態和科學的「問題框架」又是截然不同的，因而無論是把《手稿》說成是真正的馬克思主義，還是抹煞《手稿》同《資本論》之間的原則界限，都是不能接受的。在這條戰線上，阿圖色的「理論干預」，表現為通過揭示馬克思思想發展中「認識論上的斷裂」，表明馬克思早期著作的意識形態論題同《資本論》的科學論題之間的根本區別，來達到捍衛馬克思主義的歷史科學和馬克思主義的哲學，清除「前馬克思主義」(pre-Marxism)的意識形態的目的。

在與此相聯繫的另一個問題，即關於馬克思與黑格爾關係的問題上，西方學術界基本上是眾口一聲地抹煞馬克思辯證法(Marxian Dialectics)和黑格爾辯證法(Hegelian Dialectics)之間的原則界限。

例如，早在1936年發表的《從黑格爾到馬克思》(*From Hegel to Marx*)一書中，美國實用主義者胡克(S. Hook, 1902-)就說，馬克思的哲學方法就是黑格爾的方法，由於馬克思主義和黑格爾主義用同一武器彼此戰鬥，因此，它們具有相同的方法。

英國新實證主義(Neo-Positivism)的著名代表羅素(B. Russell, 1872-1970)在1954年出版的《西方的智慧》(*Wisdom of the West*)一書中說，辯證法是馬克思原樣從黑格爾那裡拿來的，馬克思的解釋完全用了黑格爾的方法。

新黑格爾主義者芬達萊(J.N. Findlay)在1961年法國《哲學文庫》發表的〈黑格爾的現實〉一文中說，黑格爾的辯證法既是客觀主義的又是主觀主義的，而且它的被馬克思和恩格斯所作的改造，只是在其無限豐富內容中的一種選擇，而且往往是一種可笑和膚淺的選擇。

批判理性主義 (critical rationalism) 的代表波普 (K. Popper, 1902-1994) 在 1963 年出版的《開放的社會及其敵人》(*The Open Society and Its Enemies*)一書中說，馬克思由於在黑格爾的薰陶下成長起來，終未逃脫其惡劣影響，馬克思的辯證法和黑格爾的辯證法一樣是一種危險的糊塗。

維爾德姆特(A. Wiltmuth)對1963年發表於瑞士《哲學研究》上的〈卡爾・馬克思辯證法的根本問題〉一文中說，獨立的馬克思辯證法是一種虛構。辯證法就是馬克思為占有黑格爾的辯證法、同它結成一種明確的關係而進行的鬥爭史。

法國社會黨人蓬涅爾(P. Bonnel)在1957年11月號《社會主義評論》上發表的〈黑格爾和馬克思〉一文中說黑格爾哲學是整個馬克思主義內在的東西，馬克思從黑格爾那裡所承襲的，不僅有辯證方法，而且還有對世界、歷史、人與自然的關係的幻想等所有一切構成本體論的辯證法的東西。

德國哲學家海斯(R. Heiss)在1961年發表的《黑格爾和馬克思的辯證法》一書中也說，馬克思從黑格爾那裡決不可能僅僅接受了辯證方法，他接受了更多的東西，如黑格爾對市民社會的描繪，黑格爾對異化世界的描述，一言以蔽之，馬克思接受了黑格爾關於世界的陰暗描繪。

針對現代西方學術界這種肆意抹煞馬克思辯證法和黑格爾辯證法之間原則界限的做法，阿圖色在《保衛馬克思》等著作中，乾脆修改了他自己在其早期著作中所持馬克思辯證法保留了黑格爾辯證法「合理內核」(rational kernel) 的觀點，而全盤否定了馬克思辯證法同黑格爾辯證法之間的任何聯繫。現在，阿圖色強調，黑格爾辯證法的種種基本結構，如否定、否定的否定、對立的統一、「揚

棄」、由量變到質變等等，在馬克思那裡，具有一種與在黑格爾那
裡所有的結構不同的結構。他還認為，《資本論》中馬克思關於顛
倒黑格爾辯證法的論述，只是示意性乃至比喻性的，因為決不能設
想，辯證法可能藏在黑格爾的體系裡如同一個內核藏在它的外殼裡
那樣。所謂黑格爾辯證法的神祕形式，並不是相對地存在於辯證法
之外的一種因素（例如「體系」），而是黑格爾辯證法的一種內在的、
同質的因素。所以，要解放辯證法，僅僅剝除它的第一層外殼（體
系）是不夠的，還必須剝除附在它身上的第二層外殼，而這第二層
外殼就是辯證法本身的、不可分離的皮，就是黑格爾辯證法。

　　歸結起來，阿圖色在這條戰線上進行「理論干預」(theoretical
intervention)的目的，是要使馬克思辯證法同黑格爾辯證法徹底區分
開來。

　　應當指出，對於現代西方學術界肆意抹煞馬克思辯證法同黑格爾
辯證法之間的原則界限的做法，早在阿圖色之前，在五○年代，意大
利新實證主義的代表德拉-沃爾佩(G. Della-Volpe, 1897–1968)就在
《盧梭和馬克思》一書中作出批駁和答覆了：他斷然否認馬克思
辯證法同黑格爾辯證法之間有任何連續性，因為馬克思辯證法同
黑格爾辯證法毫無關係，它是具體 — 抽象 — 具體的科學辯證法，
是一般的科學實驗方法。那為什麼阿圖色的答覆和德拉-沃爾佩的
答覆相比，其客觀影響要大得多呢？這就涉及到問題的形式方面。

　　從形式來說，阿圖色的《保衛馬克思》、《讀解「資本論」》兩
書，在針對現代西方學術界的上述思想傾向，表述自己對青年馬
克思同成年馬克思、馬克思同黑格爾的關係的看法時，全都不是就
事論事地提出自己的不同觀點，而是用當時正在法國思想舞臺上崛
起的結構主義思潮的基本原理和基本方法，提出一系列新的觀念、

名詞、範疇和理論來加以系統的展開和論證，從而使自己的觀點具有了獨創性、系統性、嚴密性和科學性的外觀，給人造成一種印象：他正在用純科學去排除主觀的意識形態因素，使馬克思主義理論現代化。

例如，阿圖色在論證其反對把馬克思主義人道主義化的觀點時，首先立足在結構主義的「主體移心論」(decentralization of subject)的基本原理上面，強調馬克思主義是一種「理論上的反人道主義」(theoretical anti-humanism)，並提出對馬克思的原文不是要作逐字逐句的字面研讀，而是要作「對症讀解」(symptomatic reading)，以便找出其獨特的「理論框架」(problematic)，結果發現在青年馬克思同成年馬克思的著作間，存在著從意識形態到科學的「認識論上的斷裂」，因而不能混為一談。

再如，當阿圖色在論證馬克思辯證法同黑格爾辯證法的關係時，他也不是簡單地否認兩者之間存在連續性，而是從強調馬克思同黑格爾在總體性上存在「結構因果觀」(structural causality)同「表現因果觀」(expressive causality)的差異，在歷史觀和矛盾觀上存在「多元決定」(overdetermination)論和「一元決定」(monadic determination)論的區別等多方面去加以論證。

十分明顯，《保衛馬克思》和《讀解「資本論」》兩書之所以成為標誌結構主義馬克思主義崛起的里程碑，一個根本性的原因就在於它在內容和形式兩個方面具有這樣的獨創性和精緻性。

也正因為這樣，人們往往把阿圖色在馬克思主義研究方面的這些著作，同列維–斯特勞斯(C. Levi-Strauss, 1908–)在人種學、人類學方面的著作，傅科(M. Foucault, 1926–1984)在歷史哲學方面的著作，巴爾特 (R. Barthes, 1915–) 在文藝理論方面的著作，拉康 (J.

Lacan, 1901-1980) 在精神分析學方面的著作，德立達 (J. Derrida, 1930-) 在哲學和文學批評方面的著作，克利絲特娃 (J. Kristeva, 1941-)在符號學和文學批評方面的著作並列在一起，作為法國結構主義思潮在六〇年代初期崛起的重要標誌。

二、結構主義馬克思主義的主要內容

阿圖色創建的結構主義馬克思主義理論，主要包含七個方面的內容。

㈠對症讀解文本，從深處拖出其理論框架

阿圖色認為，馬克思在創立歷史理論（歷史唯物主義）的同時，又打破了他以前的意識形態的哲學，並建立一種新的哲學（辯證唯物主義）(dialectical materialism)。但是，這兩種不同的學科又是以某種不平衡性為標誌的，它們在理論上受到不同程度的闡述：其中的歷史理論由馬克思的成熟著作所明確記載和展開，並被像列寧那樣從事階級鬥爭實踐的理論家所豐富，而由馬克思在創立歷史理論的行動中創立的馬克思主義哲學，卻只是奠定了基礎，多半還要加以制定，馬克思主義者對它進行推敲得還很不夠，有些還沒有得到解決的問題還存在於怪誕和盲目的形式中。總之，馬克思的科學理論並沒有導致一種新的哲學，而是導致了一種新的哲學實踐、一種在哲學中貫徹無產階級立場的實踐。這就是說，辯證唯物主義還處在一種沒有加以理論化的實踐狀態之中，它的存在形式還是暗含的。而歷史唯物主義在理論上的未來在今天又取決於對辯證唯物主義的加深。

阿圖色提出的「制定」和「加深」馬克思主義哲學─辯證唯物主義的辦法，是閱讀馬克思的原著，但不是一般的閱讀，而是一種

「對症讀解」。 阿圖色說，科學史、哲學史都表明，一套新觀念在獲得其適當的服飾之前往往穿上借來的衣服，新觀念已經露出了它的軀體，但卻是喬裝打扮的。所以，如果只進行一般、簡單的閱讀，那是不可能使之拋掉偽裝，也不可能使書中的「沈默」說話的。因此，必須借助於「對症讀解」法。

「對症讀解」， 這是阿圖色經過法國的結構主義精神分析學家拉康，從精神分析學的創始人弗洛伊德那裡借用來的。弗洛伊德在日常生活和夢境中談論的錯誤、疏忽和荒唐事中，看出無意識的複雜的和隱藏的結構的症狀。拉康的語言學精神分析則把無意識看成一種類似語言的結構，主張借助於結構語言學的模式，用科學術語去描述無意識，認為只有對語言的形式結構和它的機制進行分析，才能真正揭示出無意識的本性，而在整個過程中，沒有說出來的東西是和看得見的東西一樣重要的。阿圖色則認為，由於一種理論的同一性，並不存在於理論所包含的特定命題中，也不存在於理論作者的意向中，而存在於它的結構中、它提出問題的方式中，也即存在於其「理論框架」中，因而對馬克思的著作也要進行「對症讀解」。所以，阿圖色提出「對症讀解」方法，實際上就是借鑒弗洛伊德通過對夢中事物的移位、荒謬和錯誤作出的解釋，覺察的徵兆，去發現隱蔽的無意識結構的理論和方法，提出應該通過徵兆、症候去讀解馬克思主義的「理論框架」的意思。

什麼是「理論框架」？「理論框架」就是使得一種理論能夠以特定方式提出某些問題，而排斥另一些問題的被提出的潛在結構。一種學說的理論框架，把它的各種基本概念置於彼此的關係之中，通過它在這種關係中的地位和功能，決定著每個概念的本質，並這樣地給予每個概念以特殊意義，它不僅支配著它所能提出的解決辦法，

而且支配著它所能提出的問題以及它們必定在其中被提出的方式。
所以，根據理論框架的概念，一種思想觀點的意義和統一，不在於
它所提供的回答，而在於它所提出的問題。一個理論框架包含一些
思想的客觀內在關聯和各種問題的體系，它決定著一種意識形態所
能提供的回答，因此，它是一種基礎性結構，不能把它同一種思想
觀點所明確表述的公開宣言等同起來。而且一個理論框架，它本身
就是對現實問題的回答，但儘管如此，它卻並不必然符合於現實。
所以，作為闡明各種思想運動的內部融貫性，並把這些運動之間的
親密關係統一起來的一種手段，理論框架是一種潛在的分析工具，
它的本質不在其內部功能，而在於其同現實的關係。

　　由於一種學說的理論框架，很少以明顯的形式存在於它所支配
的理論中，而是一種埋藏在這種學說中的無意識結構，而且還往往
是複雜和矛盾的，包含有不同方面的位置錯亂的，而這種矛盾又是
被原文表面的種種作為複雜結構的「症狀」的「溝壑」、「沈默」、「缺
乏」等等所反映出來，因此，在閱讀包括馬克思著作在內的理論著
作時，就不能僅僅通過對其寫在白紙上的黑字的明確論述作文字上
的簡單、直接的閱讀，而必須把它同構成作為原文的必要補充的「沈
默」的談論，埋藏在原文中的無意識的理論框架的許多症候，即「缺
乏」、「空白」、「沈默」，連接起來閱讀，這樣才能把一種學說的理
論框架從深處拖出來。

　　例如，研究「馬克思個人的理論結構」及其起源和歷史，就會
看清楚馬克思的早期作品與較晚期作品，在論證、概念和研究方面
的風格等等上面，是有區別的。馬克思在撰寫其較晚期著作時，已
經學會以他必須忘記的那種方式去闡述他打算發現的東西。

　　正是根據這種「對症讀解法」，阿圖色對馬克思主義的一系列

基本問題，提出了他的「結構主義馬克思主義」見解。

(二)從意識形態到科學的「認識論上的斷裂」(epistemo-
logical break)

在用「對症讀解法」去研究馬克思主義的過程中，阿圖色用「認
識論上的斷裂」的概念，把馬克思思想的發展劃分為意識形態和科
學兩個不同的時期和階段。

在阿圖色看來，從理論框架來看，意識形態根本不同於科學，
因為它並不給人們提供恰當的認識工具，而是由超越出僅僅是認識
上的必然性之外的「利益」支配的。所以，由意識形態發展為科學，
就要求對意識形態作基本結構的徹底改變，這就叫做「認識論上的
斷裂」。就一門學科的發展來說，都有一個由意識形態到科學的在
「認識論上的斷裂」的問題，馬克思思想的發展也是如此。

所謂「認識論上的斷裂」，這是阿圖色從其老師巴歇拉爾那裡
借用來的。巴歇拉爾在《應用理性主義》(*Applied Rationalism*)一書
中曾經說過：「我們認為，當代的科學革命，用孔德 (A. Comte,
1798–1857)哲學的方式來說，能夠被說成是第四個時期。頭三個時
期分別符合於古代、中世紀和現代，第四個時期，當代時期，目擊
著從日常知識到科學知識，從日常經驗到科學經驗的斷裂、過
渡。」❷阿圖色用「認識論上的斷裂」來指一門科學的歷史中從意識
形態的前科學狀態到獨創的科學體系的革命轉變。所謂斷裂，是一
種不保存先於它的任何東西而確立一種完全新的理論框架的行動。

那麼，科學和意識形態的區別到底在哪裡呢？

阿圖色認為，首先，作為具有自己的獨特邏輯和規律的表象(形
象、神話、觀念或概念)體系，意識形態是一切社會整體的有機組

❷ 巴歇拉爾：《應用理性主義》，1949年巴黎版，第102頁。

成部分，是為一切社會所必須的。人們正是在意識形態中衡量距離、體驗矛盾並能動地解決矛盾的。在階級社會中，意識形態是統治階級根據自己的利益調整人類對其生存條件的關係所必須的接力棒和跑道；在無階級的社會中，意識形態是所有人根據自己的利益體驗人類對其生存條件的依賴關係所必須的接力棒和跑道。如果沒有意識形態這些表象體系，人類社會是不能生存下去的。

其次，意識形態又是描述人們對於他們的真實的生存條件的想像上的關係的。人們對世界（包括對歷史）的「體驗的」依附關係（不論是否參與政治活動）要通過意識形態來實現，也要在意識形態中改變。意識形態是人類對人類真實生存條件的真實關係和想像關係的多元決定的統一，它給個人提供可以據以和社會整體焊接在一起的裝置。

再次，由於意識形態反映了不同於理性的利益的許多利益，它確指一系列存在著的現實卻並不提供認識這些現實的手段，它用特殊的即意識形態的方式確指一些存在，卻不說明這些存在的本質，因而，意識形態並不給人們提供恰當的認識工具。

最後，意識形態以主體為唯一的構成要素，它把各個具體的個人當作其主體來構成。反之，在科學的理論框架中，主體所發揮的卻是由過程的機械裝置所指派給它的作用。

根據這個區分準則，阿圖色認為，在馬克思的著作中，有一個明顯的「認識論上的斷裂」，馬克思的1845年《關於費爾巴哈的提綱》就標出了這個斷裂的較早的界限，它把馬克思的思想發展劃分為兩個主要時期，即以1845年為分界線的「斷裂」以前的意識形態時期，和「斷裂」以後的科學時期。但是，這個認識論上的斷裂又不是一下子完成，而是逐步展開的，所以，阿圖色又根據這個認識

論上的斷裂，在馬克思那裡充分展開於1857年的說法，把馬克思的著作劃分為四個不同的時期。

一是1840年到1842年時期。在這個時期裡，馬克思著作的理論框架是康德–費希特(J.G. Fichte, 1762–1814)型的，馬克思的思想是由一個比較接近於康德和費希特的理性主義人道主義 (ratio-nalistic humanism) 支配的。從實踐上說，在馬克思的政治天地裡是反對書報檢查、反對封建法律和反對普魯士專制主義；從理論上說，這種鬥爭依存於一種關於自由和理性是人的本性的概念，人性決定了人要為自由而鬥爭，因而馬克思提出哲學要求國家成為人性的國家。

二是1842年到1845年時期。這個時期裡馬克思著作的理論框架是費爾巴哈型的，馬克思的思想是由一種新式的、費爾巴哈的人道主義所支配。和康德–費希特型理性主義人道主義相比，馬克思不再呼籲國家變成它本身，因為國家是異化的產物，相反地，倒是要求哲學同無產階級結成聯盟。在歷史的終末，人將再次變成主體，重新占有他的異化在財產中的本質，而再次變成真正的人。

馬克思在1845年以後的時期，是認識論上的斷裂時期。在這個時期裡，馬克思同一切把歷史和政治建立在人的本質的基礎上的理論相決裂。這個決裂包括三個主要方面：第一是確立了一種植根在全新概念上的歷史和政治理論，這些新概念是社會結構、生產力、生產關係、上層建築、意識形態、經濟的最終決定作用和不同的上層建築的相對自主性等等；第二是對一切哲學人道主義的理論口實進行徹底的批判；第三是把人道主義本身規定為一種意識形態。這個同費爾巴哈意義上的哲學人類學、同一切形式的哲學人道主義的決裂，是同作為一門科學的馬克思主義的誕生不可分割的，但這個過程又不是一下子完成的，所以，1845年以後的時期又可以分為兩

個時期。

三是1845年到1857年時期。阿圖色把馬克思這個時期的著作稱為過渡的著作，因為在馬克思能夠生產出、形成和建立一種適合於他的革命的理論設計的概念術語和分類學之前，需要有多年的實證研究和精心推敲。這個時期的馬克思著作包括從《共產黨宣言》、《哲學的貧困》、《工資、價格和利潤》到《資本論》第一稿之間的著作。

四是1857年以後的時期。在1965年的《保衛馬克思》一書中，阿圖色曾經把馬克思在1857年以後的全部著作稱作馬克思的成熟著作，但在1969年的《列寧和哲學》一書中，阿圖色卻又認為，馬克思的唯一的在總的方面明確地擺脫了黑格爾影響的任何痕跡的科學著作，只有馬克思在1875–1880年所寫的《哥達綱領批判》和《評阿・瓦格納的「政治經濟學教科書」》兩本書。

(三)結構主義馬克思主義：結構因果觀和多元決定論

在馬克思同黑格爾的關係上，阿圖色的結構主義馬克思主義從因果觀、矛盾觀一直到歷史觀，全面劃清了馬克思同黑格爾之間的原則界限。

和盧卡奇把馬克思方法的實質歸結為黑格爾的總體性原則的做法相反，阿圖色認為，馬克思的總體性和黑格爾的總體性根本不同，因為黑格爾的總體性是一種還原主義的總體性，它暗含著理念的一種簡單、原始的統一，在這種統一中，不同的社會現實只是現象上的表現，是理念自動發展的單純外在化，這種外在化在任何時候、任何地方都不可能占據統治地位。反之，馬克思主義關於社會組織概念的核心原則卻是複雜性，依據這個原則，構成社會組織的各種結構都是不可還原地各各不同的，這種總體性上的不同，又根源於因果觀的不同。

阿圖色認為，在馬克思以前的哲學中，尤其在 400 年以來的西方哲學中，由兩種不同類型的因果觀占據統治地位：

一種是線狀因果觀(linear causality)，它可以描寫一個因素對另一個因素的作用，卻不能描寫整體對於局部的作用，因為它把因果關係歸結為一物的作用及於他物的效力。建立在這種因果觀模型上面的解釋，把整體看成是它對各個部分的合成結果或總和，而不能設想總體對局部的影響。這是一種機械因果觀 (mechanic causality)，它根源於笛卡兒，被第二國際的考茨基和第三國際的布哈林所推崇。

另一種是表現因果觀(expressive causality)，它在考察整體對於其各個局部的影響時，預先假定整體可以還原為一個內在的本質，而整體的各個局部則無非是它的現象的表現。所以，雖然它能考慮到整體對於局部的影響，卻不能把整體看成是一個結構，而且必須預先假定整體具有某種性質，還恰好是一個精神整體的性質，在這個整體中，每個要素都無非是萊布尼茨(G. W. Leibniz, 1646–1716)單子論(monadologie)的整個總體的表現罷了，這就把整體的影響簡單化了。這種因果觀由萊布尼茨所首先表述，在黑格爾那裡得到最引人注目的發展，並被盧卡奇、柯爾施等人所採用。

馬克思對於社會結構及其變化這個新的科學「大陸」的發現，需要相應地發展一種新的因果觀。所以，在馬克思著作中實際上存在著不同於上述兩種因果觀的另一種類型的因果觀，這就是結構因果觀。這種結構因果觀的特徵，是既保持全面性結構對於局部性結構、局部性結構對於其組成要素的決定性作用，又堅持局部性結構對於全面性結構、局部性結構的組成要素對於局部性結構的相對自主性。馬克思在《政治經濟學批判・導言》中曾經使用過這種因果觀，馬克思指出：「在一切社會形式中都有一種一定的生產支配著

其他一切生產的地位和影響，這是一種普照的光，一切其他色彩都
隱沒在其中，它使它們的特點變了樣。這是一種特殊的以太，它決
定著它裡面顯露出來的一切存在的比重。」❸馬克思的這段話意味著
結構是內在於它的結果的，是在斯賓諾莎 (B. Spinoza, 1632−1677)
使用此詞意義上的一個內在於其結果的原因，就是說，結構的整個
存在在它的效果之中。然而儘管馬克思使用過這種因果觀，他卻並
沒有用一種恰當的語言從概念上來表述它，為此，阿圖色就從弗洛
伊德的精神分析學說中借來「結構因果性」去稱呼它。

　　這種結構因果性在兩個方面區別於線狀因果性和表現因果性：
首先，結構是一個出現在或內在於它的要素─效果之中的原因，而
不是外在於它們的；其次，結構只存在於這些要素／因果以及它們
的關係的總體之中，而並不完全出現在它們中間的任何一個之中。
它只是作為一個結果，在其決定性的不在中，出現在那裡，在這個
意義上，可以把它描寫成既出現在又不出現在它的效果之中。

　　由於馬克思的因果觀根本不同於黑格爾的因果觀，他的歷史
觀、矛盾觀也根本不同於黑格爾的。黑格爾的歷史觀、矛盾觀是一
元決定的，而馬克思的歷史觀、矛盾觀則是多元決定的，阿圖色從
弗洛伊德的精神分析學說中借用了多元決定此詞來稱呼它。在精神
分析學說中，「多元決定」是指由許多原因同時起作用而引起的一種
精神病。

　　馬克思把複雜的社會組織的不同方面，區分為由生產力和生產
關係組成的經濟基礎，以及政治、法律、意識形態等等上層建築，
並給經濟基礎指派了第一性的決定作用。但在馬克思的總體性中，
經濟的東西的這種決定性作用，又具有和黑格爾總體性中絕對理念

---

❸　《馬克思恩格斯全集》第12卷，第757頁。

的決定性作用完全不同的意義：

黑格爾把一個民族的全部具體生活看作一個內在的精神原理的外化和異化，而這個內在的精神原理歸根到底無非就是這個世界的自我意識的最抽象形式。反之，馬克思卻向我們指出了一條鏈索中的兩端，一端是生產方式的歸根到底的決定作用，另一端是上層建築的相對特殊性和作用力。這就是說，經濟基礎和上層建築都是決定的和被決定的，每一方都有助於決定它是其組成部分的那個全局的構造的本質，又轉而被這個構造所決定。

阿圖色認為，經濟決定著歷史的進程，不過是最終地歸根到底地決定的，所謂經濟的這種歸根到底的決定作用，絕不是作為單獨的時鐘而敲出聲音的，而是在經濟、政治、理論等等之間的主要作用的相互調換中行使的。它意味著經濟決定各非經濟因素同它們本身和彼此之間關係上的自主／依存的程度，以及它們的特定的效力的程度，意味著經濟因素決定它本身在特定時間內，在一個社會結構中是決定性的還是非決定性的，並在自己是非決定性因素的時候，決定上層建築中哪一個因素成為決定性因素。所以，不是生產力和生產關係之間的一個簡單的經濟矛盾在支配著每一樣東西，而是有一個存在於社會構造的一切方面和構成一種在它內部的效力的體系。決定，永遠也不是簡單的，而總是複雜多樣的。但是，在另一方面，上層建築的自主性，又是相對的，而不是絕對的，它們的特殊效力並不取消經濟的第一性。

阿圖色還認為，整體的每一個相對自主的層次，都有其相對自主的歷史，有它自己的發展韻律和連續性。這樣，我們就不僅有經濟結構的歷史，而且還有政治上層建築的歷史，意識形態的歷史，科學的歷史等等，在它們相互之間是不可還原的。這就意味著不存

在能被用來衡量一切歷史的唯一線狀時間連續性，意味著一個橫斷歷史過程的斷面所顯示的，並不是一個原始的、無所不在的本質，而是那個複雜的結構的特殊的多元決定的局面，從而意味著本質的斷面是不可能的。

阿圖色說，馬克思和黑格爾的矛盾觀是分別建立在他們各自的歷史觀上面的。所以，馬克思的矛盾觀、辯證法也是根本不同於黑格爾的。在黑格爾那裡，矛盾的單純性是一個民族的構成一切歷史時期的本質的那種內在原理的單純性反映，但它不是這個民族的物質現實的反映，而是它的最抽象的意識形態的單純性反映。反之，對於馬克思來說，任何矛盾在歷史實踐中都表現為被多元地決定的矛盾，這就是說矛盾是與它在其中起著作用的那個社會全體分不開的，所以，矛盾本身在它的核心中是被這些層次所影響的，矛盾，在同一個運動之中既是起決定作用的，又是被決定的，因此可以說矛盾在它的原則上就是被多元決定的東西。

據此，阿圖色強調說，馬克思辯證法和黑格爾辯證法的根本區別，不是表現在馬克思對黑格爾唯心辯證法進行了唯物主義的顛倒上面，而是表現在馬克思對黑格爾辯證法的本質、規律和結構的根本改造上面。所以，馬克思辯證法和黑格爾辯證法是徹底地不同的，這種徹底的不同性，不僅表現在諸如對立的統一、矛盾等等基本結構上面，而且也表現在黑格爾辯證法的單純性和馬克思辯證法的多元決定上面：黑格爾辯證法認為一切事物的發展，是由一個單純的矛盾在從始至終地決定著的，而馬克思辯證法卻認為，生產力和生產關係的矛盾總是被它在其中起作用的那些社會形態和具體歷史情況所特殊化，被上層建築的種種形態、國內外歷史情況所特殊化的，從而在同一個運動中，生產力和生產關係的矛盾總是起決定作用，

又被它所促成的社會形態的各個方面和各個層次所決定的。

(四)結構主義馬克思主義：反經驗主義認識論

阿圖色認為經驗主義是一種意識形態哲學，從經驗主義下面解放出來，是把成年馬克思同青年馬克思區別開來的標誌之一。為此，他首先從批判經驗主義認識論入手，來確立馬克思主義主張反經驗主義認識論的理論。

在阿圖色看來，經驗主義的認識論是由主體和客體、抽象和具體等中心概念來規定的，它認為認識過程的出發點是「一個純客觀的所與」，這種把認識看作是見識而不是生產的經驗主義認識觀有三個方面的錯誤：一是把理論實踐最初的對象或原料當成了實在本身，認為主體所作的抽象的作用，就是從實在中解放出或抽象出它的本質來；二是由於它把關於實在的思想還原為實在的本身，因而把思想同實在混淆起來，它把實在、具體的東西說成比企圖理解實在的理論來得更加豐富和更有生命力；三是由於它認為抽象的理論至多只是對具體實在的一個接近，這就使認識不能充分適合於它是其認識的實在。

阿圖色認為，恩格斯、費爾巴哈和青年馬克思的著作，都有經驗主義認識觀的這些缺陷，而成年馬克思則自覺地拋棄了經驗主義的意識形態，當馬克思在《政治經濟學批判‧導言》中指出，任何科學認識的過程都始於抽象、始於一般性，而不是始於實在的具體時，他真的同意識形態決裂了，同僅僅譴責思辨抽象決裂了，同它的前提決裂了。

與此相適應，阿圖色認為，在馬克思主義哲學的特異性上來設想，就是把認識看作生產。馬克思在打破其青年時代的意識形態時，創立了一種關於實踐的歷史－辯證唯物主義，那是一個關於人類實

踐的不同的特殊方面❹的理論。和經驗主義的意識形態幻想相反，科學從來不是在一個客觀所與(the given)上，在純粹的和絕對的事實上進行工作的，不是在一種以純直接性和獨立性為其本質的存在上進行工作的，而是通過對由以前的意識形態實踐產出的意識形態「事實」進行批判，來產出它自己的科學事實。

這樣，阿圖色就把經驗主義認識觀所描寫的思維與實在、抽象與具體之間的區別完全轉移到了思想本身的領域之中，使抽象成為知識生產過程的原料和產品，認為它完全發生在思想中，發生在經驗主義者認為是抽象東西的範圍內。

根據這種反經驗主義認識論，阿圖色提出了理論也是一種實踐的問題。

阿圖色認為，不存在什麼實踐一般，而只有各種不同的實踐。因為要是沒有各種不同的實踐之間的精確區別，就不能有任何關於實踐的科學概念，而且實踐的首要性是通過指明社會存在的一切方面都是不同的實踐的位置來確定的，但從理論上來說，又存在著把各種不同實踐的共同點概括起來的「一般的實踐」，即任何把所與的一定的原料改造成一定的產品的過程，一種由一定的人類勞動，使用一定的生產手段所實現的改造。在任何這樣地設想的實踐中，決定性的要素既不是原料，也不是產品，而是狹義的實踐：改造性勞動本身，它在一個特定的結構中，使得人們、手段和利用這些手段的技術方法運轉起來。

這樣，理論就同經濟實踐、政治實踐等等一樣，也成了一種實踐，正如在政治實踐中，給予它社會關係，它就生產出一種新的社會關係；在意識形態實踐中，它改變人們據以體驗他們同他們的世

❹　經濟實踐、政治實踐、意識形態實踐、科學實踐等。

界的關係的表象知覺的形式；在理論的或科學的實踐中也是把思維力量和理論勞動的手段搞到一起，以便從概念、表象、直覺中產生出一種特殊的產物：知識。

阿圖色分析「理論實踐」(Theoretical practice)的過程說，「理論實踐」的原料G1，是概念和抽象。這種要加以改造的原料不是現成的所與、具體的實在，而是一種已經做成的原料，它是由先前實踐的產物的抽象概念所組成的。對這種G1進行改造的是理論生產的手段G2，它在任何時候都是一門科學的基本概念。而作為「理論實踐」的產品G3，則是具體表現認識的科學概念，阿圖色根據馬克思在《政治經濟學批判・導言》中的說法，把它稱作「思維中的具體」，從而把他所說的「理論實踐」的過程，解釋成就是馬克思所說的「從抽象上升到具體」的過程。阿圖色還認為，辯證唯物主義就是在理論上表述一般的實踐的本質的、關於理論實踐的理論。

在理論實踐同客觀存在的關係問題上，阿圖色在《保衛馬克思》一書中，曾經區分過「思維中的具體」和「實在的具體」，認為前者是「一種認識」，而後者則是其對象，就是說，作為被理論所認知的東西，實在的具體還是認識的對象。但是，在《讀解「資本論」》一書中，認識的對象卻被安置到了理論實踐的領域之中，而且是一種理論的對象，一個概念或概念的複合體。阿圖色說，認識的對象其本身是絕對地區別於和不同於實在的對象的，必不要把作為認識對象的關於圓環的思想，同作為實在客體的圓環等同起來。

這樣，在阿圖色的反經驗主義認識論中，就提出了兩個客體的問題。他說，認識在其「客體」上面工作，這樣，它就不是在實在的客體上，而是在構成為特殊的嚴格意義的原材料上，在它的認識客體上工作。這種認識客體甚至在認識的最基本形式上，也是不同

於實在客體的，因為那種原材料是現成的，是馬克思在《資本論》中所賦予它的強有力的意義上的一種原材料，即通過施加複雜的 ❺結構使之構成為一個認識客體的、精心製作和改造的物質，這種製作和改造雖然粗糙，卻使原材料構成為它所要改變的客體，它將在其發展的過程中改變這種客體的形式，以便產生認識，這些認識是經常被改變的，但總是適用於其在認識客體的意義上的客體的。

　　阿圖色還把這種「兩個客體」論的建構，直接歸因於馬克思在《政治經濟學批判・導言》中提出的由抽象上升到具體的方法。他說，和經驗主義相反，馬克思主張認識不是從具體上升到抽象，而是從抽象上升到具體，而且所有這一切是「在思維中」進行的，而產生著整個過程的實在具體卻存在於思維外部，所以，實在的客體和認識的客體之間的這種區別包含在馬克思討論認識過程的這些段落裡。

　　由於阿圖色的反經驗主義認識論把理論本身看成也是一種實踐，而在他所謂的「理論實踐」中，又提出了「兩個客體」的問題，這就不能不影響到他對檢驗真理的標準的看法：在他看來，把實踐、科學實驗、社會實踐等等作為檢驗認識的真理性標準，這只是一種「明顯性」的實用主義的平凡語言，因為實用主義在探究認識中設置了一個事實上的保證：實踐中的成功，它往往構成為可以指派給所謂「實踐標準」的唯一內容。所以，阿圖色認為，所謂保證認識的真實性的標準問題，壓根兒是一個假問題，而不是一個真問題。任何認為認識本身是一個問題的認識論，都只是一種意識形態的認識論，必須加以摒棄。

　　然而，對於任何認識來說，畢竟有一個無法迴避的檢驗標準的

---

❺　感性的－技術的－意識形態的。

問題。所以，阿圖色就提出說理論實踐就是它自己的標準，並在它自身包含有用來證實其產品的質地的確定的議定書，所建立的科學其本身就提供了它們在認識上的確實性的標準。這就是說，包含有科學實踐的產品的科學性的標準。這正是在真正的科學實驗中發生的事情：一旦它們被真正地構成了和發展了，它們就無須從外部實踐獲得證實，以聲稱它們生產的知識是「真的」知識。

㈤結構主義馬克思主義：理論上的反人道主義

在阿圖色的結構主義馬克思主義中，把馬克思主義說成是一種理論上的反人道主義，具有核心的地位，因為這個理論體系中的其他組成部分，有的是為這種觀點服務的，有的只是它的理論基礎。例如，關於科學和意識形態的劃分的理論，就是阿圖色把人道主義說成是非科學的意識形態的一個理論基石；關於結構因果性的理論，是阿圖色關於歷史是一個沒有主體的過程的命題，從而據以拒斥作為意識形態的人道主義的另一理論基石；同樣地，反經驗主義的認識論，又是阿圖色把馬克思主義解釋成一種理論上的反人道主義的認識論基礎。因為在他看來，把馬克思主義解釋成人道主義，正是建立在經驗主義認識論的基礎上的。

那麼，阿圖色到底根據什麼把馬克思主義說成是一種理論上的反人道主義？

阿圖色首先從馬克思的思想發展上作了回顧，說馬克思只是對他的青年時代 (1840-1845) 的理論基礎——人的哲學作了徹底批判以後，才達到科學的歷史理論的；從1845年起，馬克思同一切把歷史和政治歸結為人的本質的理論進行徹底的決裂，與此同時又採用了一種新的假設。以往的唯心主義哲學，它的各個領域和闡釋，如認識論、歷史觀、政治經濟學、倫理學和美學等等，都是建立在人

性（或人的本質）的這個假設的基礎上的，都是以經驗主義和唯心主義的全部世界觀為前提的。這是因為，為了使人的本質具有普遍的屬性，就必須有具體的主體作為絕對已知數而存在，而這就意味著主體的經驗主義。為了使這些經驗的個體成為人，他們每個人都必須具有人的全部本質，而這就意味著本質的唯心主義。

馬克思摒棄了人的本質這個理論基礎，也就摒棄了這兩者的全部有機聯繫，把主體、經驗主義、理想本質等哲學範疇從它們統治的所有領域中驅逐出去，就是說不僅從政治經濟學、歷史學、倫理學中驅逐出去，而且也從哲學領域中驅逐出去，因為馬克思的唯物主義既排除主體的經驗主義和它的反面——先驗的主體，也排除概念的唯心主義和它的反面——概念的經驗主義。

與此同時，馬克思確立了一個新的假設，一系列向世界提問的新方式，一些新原則和一個新方法。馬克思在歷史理論中用生產力、生產關係等新概念代替了個體和人的本質這個舊套式的同時，實際上提出了一個新的哲學觀點，即實踐的辯證唯物主義和歷史唯物主義，也就是說，人類實踐的各特殊方面在其特有聯結中的理論。這個理論的基礎在於，認為人類社會既是統一的，而在其各個聯結點上又是特殊的。總之，馬克思提出了一個關於特殊差異的具體觀點，這個觀點能夠確定每個獨特的實踐在社會結構的特殊差異中所占的地位。馬克思正是用這個觀點去取代費爾巴哈關於實踐的意識形態和普遍概念的。

據此，阿圖色引出結論說，所以，關於理論，嚴格地說來，人們能夠而且必須公開談到馬克思的理論上的反人道主義，關於在這個理論上的反人道主義中看到人類世界本身以及對它進行實際改變的絕對（否定）的前提條件。除非根據那種把有關人的哲學（理論）

神話歸為灰燼的絕對前提，否則就不能認識人的任何東西，而理論上的馬克思主義反人道主義的必然結果，就是承認和認識人道主義本身是一種意識形態。

為了例證馬克思主義是一種理論上的反人道主義，阿圖色分析了在蘇共 20 大以後在蘇聯和東歐國家廣泛流行的社會主義人道主義。阿圖色說，蘇聯的個人人道主義，是針對著無產階級專政時期和專政遭到濫用這樣的歷史事實的，它旨在反對並譴責無產階級專政在個人崇拜時期出現的弊端，以及其荒唐和「罪惡」的形式。提出這個命題是為了解決確實存在的歷史、經濟、政治和意識形態等方面在史達林時期被黑暗籠罩著得不到解決的問題。同時，隨著社會生產力發展到一定程度，還要研究應採取哪些經濟、政治和文化的組織形式去適應這一發展？在新的歷史階段中，應實行哪些個人發展的新形式，使國家不再以強制手段去指導和監督每個人的命運，使每個人從此在客觀上具有選擇自己命運的權力？以個人的自由發展、遵守社會主義法制、尊重個人人格為內容的社會主義人道主義，是蘇聯和東歐國家的人們體驗人對這種環境的依附關係的一種形式。然而，單就這些問題而言，它們在實質上並不要求「人的哲學」的幫助，而是要制定出社會主義國家處在無產階級專政消亡或者已經過時的階段裡應實行的政治生活、經濟生活和意識形態生活的新的組織形式。但是，某些意識形態學家卻不是公開、明確、嚴格地用馬克思主義理論的經濟、政治、意識形態術語去提出這些問題，而是根據人的哲學的概念去提出問題，運用馬克思早年關於異化的意識形態概念，去思考和解決這些具體的歷史問題。

針對這種情況，阿圖色強調說，共產黨人用社會的經濟、社會、政治和文化的現實反對一般帝國主義的「非人道」，這無疑是正確

的，這一對立是社會主義同帝國主義的爭論和鬥爭的組成部分，但是，如果把人道主義這個意識形態概念不分場合和毫無保留地作為一個理論概念去使用，這可能是危險的，因為人道主義這個概念，無論如何總是使人想到意識形態的無意識，而且很容易同小資產階級的思想命題混淆起來。

阿圖色賦予「馬克思主義是一種理論上的反人道主義」這個命題以三層含義：

一是說，在馬克思用以思考實在的概念中，以理論概念出現的，不再是人的概念或人道主義的概念，而是生產方式、生產力、生產關係、上層建築、意識形態等嶄新的概念。馬克思反對從「人的本質」的思辨概念中，引申和演繹出社會發展的必然性來。

二是說，生產關係不是人和人的關係；在生產過程中成為主體的，是生產關係而不是人。阿圖色認為，是生產關係的結構決定著由生產當事人所占據的位置和所承擔的職能，就他們是這些職能的「承擔者」而言，他們從來也只是這些位置的占據者。所以，真正的「主體」❻並不是這些位置的占據者和職能的承擔者，不管一切表面現象如何，真正的主體並不是素樸人類學「所與」的「明顯性」、不是「具體的個人」、「實在的人」——而是對這些位置和職能的規定和分配，真正的「主體」是這些規定者和分配者：生產關係❼。而既然這是一些「關係」，那就不能在主體的範疇內思考它們。如果任何人偶然要把這些生產關係歸結為人與人之間的生產關係，即「人的關係」，那麼，他就違反了馬克思的思想。因為馬克思極其深刻地指出，生產關係❽是不可被還原為任何人類學的內在主觀性

---

❻　在過程的構成主體的意義上說。

❼　以及政治的和意識形態的社會關係。

的，因為生產關係只是把當事人和客體結合在一個特定的分配關係
的結構中，即由生產的當事人和客體所占據和承擔的位置和結構。

阿圖色還指出，認為社會關係可以歸結為人和人之間的關係或
人的集團之間的關係，這種想法是一種極其錯誤的理論神話。因為
只要這樣想，那就意味著社會關係只涉及到人的關係，卻不知道它
們也涉及到物，即從物質自然界取得的生產資料。當然，單個的人
是生產關係的組成部分和活躍因素，但這首先是以他們在生產關係
中的活動為條件的。人們在生產關係中的活動並不是由於他們是生
產關係的組成部分❾，而是因為他們在生產關係中的活動，他們才
成為生產關係的組成部分的。確實，生產者只是在實行資本主義生
產方式的條件下，即當生產者被確定為完全匿名的、可以替換的、
簡單的「位置占據者」和「職能承擔者」時，他才能被認為是生產
的代理人。總而言之，生產者要受生產關係及其結果的制約。

三是否認人在歷史發展中的作用，鼓吹歷史是一個無主體的過
程。阿圖色從考察由《手稿》到《資本論》， 馬克思的思想從人道
主義到反人道主義的演變中引出結論說，馬克思在《手稿》中所主
張的那個站不住腳的論點是：歷史是主體的異化過程，即人的類本
質異化為「異化勞動」的歷史，但是這個論點真的爆炸了，爆炸的
結果是主體、人的本質和異化等概念完全消失，化為烏有，沒有主
體的過程這個概念得到了解放，成為《資本論》中一切分析的基礎。
和盧卡奇等否定自然辯證法的人的錯誤觀點相反，馬克思主義的傳
統回到自然辯證法，也說明了歷史是無主體的過程，在歷史中起作
用的辯證法，不是任何主體的作用，無論這個主體是絕對的（神），

❽　以及政治的和意識形態的社會關係。

❾　例如像在自由契約中那樣。

還是僅僅是人類的，歷史的起源總是被推到歷史之前，因此，歷史沒有哲學上的主體。

(六)結構主義馬克思主義：反歷史主義

阿圖色在論證馬克思主義是一種理論上的反人道主義的同時，又把馬克思主義說成是一種反歷史主義。他所說的歷史主義首先是指一種在社會發展過程中展開的內在的辯證原則，特別是黑格爾所主張的那種內在的辯證原則在每一特定的歷史時刻和歷史發展的每個過程中表現出來的歷史觀。而阿圖色用結構主義的把事物看作是一個個獨立自主而互不聯繫的結構，強調從橫斷面上研究其排列組合，反對從縱斷面上對其發生發展進行歷史考察的觀點，即用對事物內部各個方面的同時存在和相互依存的研究，去排斥對事物發展的歷史過程的研究的觀點，去解釋馬克思主義的結果，認為馬克思主義是一種反歷史主義。

在《哲學的貧困》中，馬克思在批評蒲魯東 (P. J. Proudhon, 1809-1865) 把一個社會中的種種經濟關係看作是同等數量的社會階段，認為這些階段在自己的邏輯程序中實現著人類的無人性的理性時，曾經責問說：「單憑運動、順序和時間的邏輯公式，怎能向我們說明一切關係同時存在而又互相依存的社會機體呢?」❿阿圖色據此引申說，主要的是要把反思的次序倒轉過來，首先思考總體的特別結構，以便理解它的各個環節和構成關係在其中同時存在的形式以及歷史的特殊結構。

在《政治經濟學批判・導言》中，馬克思曾經說過：「問題不在於各種經濟關係在不同的社會形式的相繼更替的序列中在歷史上占有什麼地位，更不在於它們在『觀念上』（蒲魯東）……的次序，

---

❿　《馬克思恩格斯全集》第四卷，第144，145頁。

而在於它們在現代資產階級社會內部的結構。」⓫阿圖色據此解釋發揮說，馬克思的這一論述確立了一個新的重要觀點，即整體的結構是作為一個有機的、結構好的整體的結構而聯結起來的，各個環節的同時存在和它們在整體中的關係，是由一個特殊的序列導入各個環節和它們的關係的聯結之中的占統治地位的結構的序列所支配的。

在《哲學的貧困》中，馬克思在抨擊資產階級經濟學家的非歷史主義觀點，批評他們把分工、信用、貨幣等資產階級生產關係說成是固定不變的、永恆的範疇時，曾經強調：「人們按照自己的物質生產的發展建立相應的社會關係，正是這些人又按照自己的社會關係創造了相應的原理、觀念和範疇。所以，這些觀念、範疇也同它們所表現的關係一樣，不是永恆的。它們是歷史的暫時的產物。」⓬但阿圖色卻指責馬克思就歷史主義所作這樣明確的論述造成了最嚴重的誤解，是馬克思對他本人判斷的理論上的不完備性。

阿圖色關於馬克思主義是一種反歷史主義的命題，是同他的反經驗主義認識論中的「兩種客體」論密切聯繫的。在阿圖色看來，實在客體是變化的，所以是有歷史的，而認識客體是不變的，所以是沒有歷史的。為此，他還特地抨擊了恩格斯關於實在的變化本質反映在概念的變化本質中的論述，說這是一種把概念的理論發展同真實歷史的起源混淆起來的錯誤，而馬克思在《政治經濟學批判·導言》中則把兩者區別開來，認為兩者之間不能構成任何一對一的相互關聯，而恩格斯正是假設了這樣一種不可能的相互聯繫，才毫不猶豫地把「邏輯」的發展同「歷史」的發展等同起來，把認識客

⓫　《馬克思恩格斯全集》第十二卷，第758頁。

⓬　《馬克思恩格斯全集》第四卷，第144頁。

體和實在客體等同起來，是概念服從實在歷史的實在規定。

(七)結構主義馬克思主義：意識形態的國家機器論

在國家問題上，阿圖色認為，被馬克思列寧主義經典作家確認為是強制性機器的國家定義，只是一種局部描述的理論，作為所有理論的第一階段，雖然它對於理論發展來說是必須的，但它恰恰以一種「矛盾」的效果來要求理論自身的發展，並在其發展中超越「描述」的形式。而為了把描述的理論發展成為理論本身，即為了進一步理解國家在其功能作用中的機制，就有必要在國家作為國家機器這個經典定義上作些補充。而阿圖色在這個問題上提出的主要補充，就是在馬克思主義經典作家指出的強制性國家機器之外，又提出意識形態國家機器(Ideological state apparatus)的範疇來。

早在阿圖色之前，葛蘭西(A. Gramsci, 1891-1937)在《獄中札記》中就指出，以一種或另一種代議制政治制度為特徵的現代資本主義社會，主要依靠於獲得了被統治階級對於現存社會形式和指派給它們在這種社會中地位的積極同意。如果說，發達資本主義以前的社會主要是靠刺刀和監獄把被統治階級鉗制在指派給它們的地位上的話，那麼，在大多數發達資本主義國家，這種物質鎮壓的位置已主要地為統治階級對於被統治階級在意識形態和文化上的領導權所取代了。在 1966年中國「516通知」所提出和「文化大革命」所實踐的所謂「無產階級在上層建築其中包括各個文化領域的專政」的啟發和影響下，阿圖色在葛蘭西的「意識形態和文化上的領導權」理論的基礎上，進一步把葛蘭西認為屬於市民社會領域的教會、學校、工會等等，當作意識形態的國家機器來發揮。阿圖色說，統治階級在意識形態上的統治，和它的政治統治一樣，是通過意識形態的國家機器獲得的，而學校、教會、家庭、交往媒介、文學的、文

化的和體育的組織、工會和政黨，全都是意識形態的國家機器。

　　阿圖色先從生產條件的再生產上來進行論證，他說，一種社會形態的持續取決於生產條件的再生產，這不僅包括生產工具的取代，而且也包括了勞動力日復一日、年復一年、代復一代的取代，以及生產在其中進行的那些關係的再生產。而勞動力的再生產則不僅要求一種勞動力技能的再生產，同時也要求一種對現成秩序的規則附以人身屈從的再生產，即工人對統治意識形態的歸順心理的再生產，以及一種剝削和壓迫的代理人們恰如其分地操縱統治意識形態能力的再生產。而這種人身屈從和歸順心理等氣質，又不是在工作中獲得的，而是在生產領域之外，在家庭中、主要在學校中獲得的。在那裡，甚至技巧也是在意識形態的從屬的形式之下被灌輸和教誨的，這就提出了「意識形態的國家機器」的問題。

　　阿圖色羅列了意識形態國家機器的種類：宗教的❸，教育的❹，家庭的，法律的，政治的，工會的，傳播媒介的❺，文化的❻。

　　接著，阿圖色指出，意識形態的國家機器和強制性的國家機器的區別在於：一是強制性國家機器首先並且主要是使用強制手段，而意識形態國家機器則首先並且主要是利用意識形態方式；二是強制性國家機器構成一個有組織的整體，它完全屬於公有的範疇，而意識形態國家機器則是個多元複合體，它們彼此各異、相對獨立，而且是一個顯而易見的散狀系統，它的較大部分屬於私有的範疇。在資本主義社會中，教會、黨派、工會、家庭、某些學校、大多數

---

❸　各種教會系統。

❹　各種公立的和私立的學校系統。

❺　出版、廣播、電視等等。

❻　文學、藝術、體育比賽等等。

報紙、各種文化投機事業等等都是私有的；三是強制性國家機器的一致性是靠掌權階級的領導的、執行掌權階級階級鬥爭政策的一元化集權組織來保證的，而各不相同的意識形態國家機器的一致性則通常是在對抗的局面中，靠占統治地位的意識形態即統治階級的意識形態來保證的。儘管意識形態的國家機器和強制性國家機器有這些區別，但它也是階級鬥爭甚至激烈鬥爭的場所，任何一個階級如果不在掌握政權的同時，把意識形態國家機器置於自己的控制之下並在其中行使自己的霸權，那麼，它的統治就不會持久。如果說，強制性國家機器用了強制手段來保證意識形態國家機器運作的政治條件的話，那麼，意識形態國家機器則主要保證生產關係的再生產，在這個過程中，強制性國家機器為它提供一面「擋箭牌」。

　　阿圖色還認為，在前資本主義時期裡，占統治地位的意識形態國家機器是教會，那時，教會不僅具有宗教的功能，而且還把教育功能和大部分傳播功能以及「文化」功能集中於一身。但在法國革命中以及以後，教會變成了民間機構，其財產被沒收。在資本主義時期，資產階級用學校 — 家庭聯合體，取代教會 — 家庭聯合體，使之成為新的占統治地位的意識形態國家機器。

第四章 阿圖色思想的傳承與改造

　　從結構主義馬克思主義的主要論點的展示中，可以看出阿圖色思想的來源是多方面的，這裡有馬克思主義、索緒爾發軔的結構主義、從弗洛伊德到拉康的精神分析學說、巴歇拉爾的歷史認識論和斯賓諾莎主義等等。

一、馬克思主義

　　阿圖色一直以馬克思主義者自詡，馬克思顯然是他思想的源泉之一。問題在於，在針對蘇共20大引發的把馬克思主義人道主義化的局面而進行的理論干預中，他為什麼要提出「回到馬克思」、「重新讀解馬克思的《資本論》」等綱領性口號呢？對此，阿圖色的回答是說，這是當時他所唯一可能採取的行動歷程，而且這也使他難以遭到攻擊。阿圖色是四〇年代末期的法共黨員，在五〇年代中期，蘇共20大批評史達林的個人崇拜在國際共產主義運動中引起人道主義思潮廣泛泛濫以後，阿圖色就認為，法共所跟著鼓吹的蘇聯共產黨的這種理論不是真正的馬克思主義，再追溯到過去，法共跟著史達林宣揚的辯證唯物主義也不是真正的馬克思主義，為此他進行了雙重干預，怎樣干預？他認為採取回到馬克思的辦法是唯一可能的行動歷程。

阿圖色說，從客觀上說來，在黨內，除了採用純理論形式之外，採用任何政治干預形式都是不可能的，甚至還有必要採用現存的被接受的理論並用它去反對黨自身對它的用法。而既然所接受的理論同馬克思已經不再有任何關係，而是建立在蘇聯或不如說史達林對辯證唯物主義的解釋所推演出來的非常危險的謬論的基礎上的，那麼，唯一可能的行動歷程就是回到馬克思去，回到因為它是神聖的因而在根本上說不受挑戰的政治思想去，並表明史達林對辯證唯物主義的解釋連同其一切理論的、哲學的、意識形態的和政治的後果，全都是畸變。這就是阿圖色在《思想》雜誌上發表以後集結在《保衛馬克思》以及《讀解「資本論」》兩書中的論文裡企圖做的事情。

阿圖色強調說，通過把他的議論建立在馬克思——馬克思畢竟是共產黨的奠基人和它們官方的靈感源泉——的基礎上，他就獲得了一種特殊的力量地位，這就使他在對黨用來為它的決議、實際是它的路線作辯護用的、對馬克思的官方解釋提出挑戰時，在黨內難以遭到攻擊。

那麼，阿圖色是怎樣走向馬克思主義的呢？

阿圖色說，他多半是通過和天主教的活動相聯結的組織，接觸階級鬥爭，從而接觸馬克思主義的。通過揭露社會問題和「教會的社會政策」，通過牧師和通諭，教會使它們自己的戰士去注意原來大多數人全都不知道的社會問題，而當像阿圖色那樣的教徒們認識到那是一種「社會問題」，相比之下，教會所提出的彌補辦法卻是滑稽可笑的時候，他們就在參加共產黨之前迅速轉向馬克思主義。

就阿圖色個人來說，當他成為抵抗運動的堅定信仰者的時候，他很快就對費爾巴哈的《基督教的本質》一書發生興趣，正是費爾巴哈打開了阿圖色通向馬克思早期著作的眼睛。於是，阿圖色又讀

起馬克思的早期著作來，但他很快就認識到馬克思的早期著作在靈感上全都是費爾巴哈式的，包括馬克思、恩格斯提到過的「同我們以前的哲學良心的決裂」，這又很快把阿圖色引向《德意志意識形態》。隨後，阿圖色開始研究馬克思1857–1858年經濟學手稿，馬克思在其中所說「人體解剖對於猴體解剖是一把鑰匙。低等動物身上表露的高等動物的徵兆，反而只有在高等動物本身已被認識之後才能理解」❶。這一段話使阿圖色因為兩個原因而感到驚奇：第一，它預先排除了對進化論歷史觀作任何目的論的解釋；第二，它顯然在不同的環境中預期了弗洛伊德所謂被阻攔的行動的理論，即只有在一個於回顧中確立其存在、同時給予意義的爾後的情感中，才能認識一個先前情感的意義。馬克思的《政治經濟學批判・導言》中的其他許多論述，被阿圖色引來當作其反經驗主義認識論中的兩種客體論、反歷史主義論、機構因果觀等等論點的直接源泉。

　　至於《資本論》，阿圖色只是在1905–1965年才和他的一群學生去加以讀解。阿圖色說，他對哲學、對馬克思讀得越多，他愈益認識到，馬克思闡明了先於他的諸如伊壁鳩魯(Epicurus, 342 BC–270 BC)、斯賓諾莎、霍布士 (T. Hobbes, 1588–1679)、馬基弗里 (N. Machiavelli, 1469–1527)、盧梭(J.-J. Rousseau, 1712–1778)和黑格爾等等作家所精心推敲的主要學說，同時他又越來越相信黑格爾、費爾巴哈的哲學既是馬克思表述和發展自己概念的基礎，又是其認識論上的一個障礙，這就自然而然地導致人們提出馬克思本人所不能和沒有提出的問題，以及必須發明新的思維方式、新的概念，以「避免講故事」，並對歷史的新奇性保持警覺。

　　這樣，就提出了怎樣對待馬克思主義的問題。阿圖色說，他成

---

❶　《馬克思恩格斯全集》第12卷，第756頁。

為一個馬克思主義者，是他所有的個人經驗、他所讀的東西、他所作的聯想的結果。他用他自己的方式來思考馬克思主義，雖然他認識到這並不是馬克思本人思考的方式。他努力去做的事情，是要開始使馬克思的理論文本對於作為讀者的大家來說，成為可以理解的，因為這些文本在關鍵之點上，往往是含糊的和矛盾的，如果不是有缺陷的話。阿圖色說，他在這麼做時，有兩個驅動著他的野心：首先，最重要的是不要靠單純的講現實本身的故事或講馬克思思想實際的故事。這樣，他就力圖區分他認為是馬克思青年時代的意識形態和馬克思後來的思想。他認為，馬克思後來的思想才代表「事情的本來面目而不附加任何東西」，不沈溺於講故事是阿圖色關於唯物主義的唯一定義；其次，他要努力使馬克思對於所有懷著善意去讀馬克思並要理解其理論的人顯得清楚和融貫。自然，這就意味著他對馬克思理論的闡述要採取他自己的特殊形式，結果就有許多戰士和專家感到阿圖色發明了他自己的關於馬克思的看法，用雷蒙・阿隆 (R. Aron, 1905–) 的話來說，阿圖色發明了一種遠離馬克思的、想像的馬克思主義版本。對此，阿圖色表示他樂意接受這個說法，因為在事實上，他的確壓下了所有一切在他看來同馬克思的唯物主義原則相衝突的東西以及意識形態的遺跡，尤其是「辯證法」的辯護範疇，以及甚至辯證法本身，因為阿圖色認為，這些著名法則，僅僅是在不確定的歷史過程中發生了某些事件以後，為替它們辯護服務的，以及被黨的領導用來辯護其決策的。

阿圖色認為，他的馬克思主義理論版本，校正了馬克思本人在一系列問題上的思想，阿圖色說，他接受那種說他創造了一種不同於庸俗版本的馬克思主義哲學的說法，但既然它給讀者提供了一種融貫的和可以理解的解釋，那麼，他就已經達到了他的目標，並把

馬克思所要的融貫性和可以理解性恢復給了馬克思，而且，這也是同那個給了史達林以自由統治的災難的、第二國際的正統派「相決裂」的唯一可能道路。

阿圖色還認為，他為當時許多青年人打開了一個新視角，使他們能夠在他對馬克思的新表述的框架內進行思考，而無須以任何方式拋棄融貫性和可以理解性的要求，這樣，馬克思就變成了真是大家的同時代的人了，而這代表了整個馬克思主義理論概念中一個小小的智力革命。

在馬克思主義者中間，經常被阿圖色引為思想源泉的，除了馬克思之外，要數列寧及其《唯物主義和經驗批判主義》、葛蘭西及其《獄中札記》和《獄中書信》、毛澤東及其《矛盾論》。

儘管阿圖色把理性主義認識論引進馬克思主義，顛倒了經典馬克思主義的唯物主義認識論，但他還是在許多場合引證列寧的認識論著作《唯物主義與經驗批判主義》，特別是頗有傾向性地引用列寧在那裡指出的，以科學及其概念為一方，同以哲學及其範疇為另一方之間的區分；以及列寧針對著馬赫 (E. Mach, 1838–1916) 的信徒而強調指出的，科學的物質概念中的變化，並不必然影響哲學的物質範疇的地位的論述，阿圖色也認為，除了作為一種客觀實在而存在以外，哲學唯物主義並不是和物質的任何特定「模態」或特徵捆綁在一起的；阿圖色還追隨列寧把整個哲學史歸結為唯物主義和唯心主義的鬥爭，而且認為這種歸結等於否認哲學有任何真正的歷史。正因為阿圖色和唯物主義認識論的觀點相反，不是把現實看成是存在於人的頭腦之外的某物，不認為真理在於獲得符合於這個現實的、人的頭腦中的副本，而認為有一種意義是人們永遠不能在頭腦之外獲得的，因而人們永遠不能達到現實的直接知識，但在同時，阿圖

色又援引列寧的認識論著作，所以，西方有人把阿圖色的著作稱作是列寧的《唯物主義和經驗批判主義》同索緒爾的結構語言學 (structual linguistics) 的一種調和。此外，阿圖色還引證列寧關於政治戰略的一些論述，來論證其所謂矛盾和社會總體性具有不可還原的複雜性和多元決定性的觀點。

阿圖色同葛蘭西的思想傳承關係，主要表現在意識形態和意識形態國家機器的問題上：阿圖色借鑒和吸取了葛蘭西關於意識形態是「社會結合劑」、社會融貫的不可缺少的核心要素的思想，認為意識形態像無意識一樣，在其結構和操作方面是不變的。雖然特定的意識形態是和論述變革過程聯結著一起發生變化的，但甚至在人類超越資本主義、進入社會主義共產主義以後，意識形態也沒有終結。阿圖色把意識形態解釋成把人們束縛在社會中的「實踐－社會」功能的一個特徵。葛蘭西在觀察現代資本主義社會的特徵時，曾經提出過意識形態和文化上的領導權的理論，認為以一種或另一種議會政治體制為特徵的現代資本主義社會，主要靠獲得被統治階級對現存社會現實以及給它們指派的在社會中的地位的積極同意來進行統治的，在這裡作為階級統治的主要手段的物質鎮壓被意識形態和文化上的領導權所取代。阿圖色援引了葛蘭西提出的導致統治階級意識形態和文化上領導權的確立，並把其歸入「市民社會」範疇的學校、家庭、教會、媒體等等機制，稱作和強制性國家機器並列的「意識形態國家機器」。同時，在葛蘭西那裡，領導權統治機制是同意和強制兩者的特殊結合，它們是同一過程的不可分割的方面，而阿圖色則認為強制性國家機器和意識形態國家機器的區別是一個程度問題，是究竟由暴力還是由意識形態在國家機器的運轉中占統治地位的問題。

　　毛澤東倍受阿圖色的推崇，毛澤東《矛盾論》中關於矛盾有主要、次要之分，矛盾的兩個方面有主要方面、非主要方面之分，以及在一定條件下它們的相互轉化等等論述，被阿圖色當作其矛盾的多元決定論的一個依據來加以引證。阿圖色還依據毛澤東在「文化大革命」中提出和實踐的所謂「無產階級在上層建築其中包括在各個文化領域的專政」，把葛蘭西作為導致統治階級意識形態和文化上的領導權而確立的機制的學校、家庭、教會、媒體等等，作為和強制性國家機器並列的意識形態國家機器提出來。尤其重要的是，阿圖色還把毛澤東提出和實踐的大搞群眾運動的做法，當作振興馬克思主義的希望所在。阿圖色說，他總認為群眾運動比其他政治組織更重要，這是為馬克思所未曾預見到的，但這些運動要冒處於組織控制之下的危險，所以要搞出一個避免等級制統治的適當形式來。阿圖色還強調知識分子要追隨群眾運動的領導，防止其變成過去錯誤的犧牲品。

二、結構主義

　　阿圖色和西方馬克思主義其他流派的代表人物一樣，在提出他自己對馬克思主義的看法時，也把馬克思主義和現代西方哲學的某個流派結合起來，用這個流派的原理、概念、範疇去解釋、發揮和「補充」馬克思主義。在阿圖色那裡，這個西方哲學流派就是結構主義。

　　結構主義在法國的崛起，首先是通過列維－斯特勞斯把瑞士人索緒爾 (F. Saussure, 1857–1913) 開創的語言學中的結構主義方法論，移植到人種學和人類學而得到實現的。

　　早在1915年，在索緒爾死後由其學生根據聽課筆記整理出版的

《普通語言學教程》一書中，索緒爾就同在十九世紀語言學領域中占統治地位的「歷時態」語言學相對立，提出了一種「同時態」語言學。

傳統的歷時態語言學，包含有兩個原理：一個原理認為，一個字的意義，在於它所指的語言之外的某個實體，也就是說，在於它的關聯物。與這種觀點相聯繫的認識論認為，呈現在意識中的思想或感覺—映像，介於人類和外界之間，我們所具有的是一個描寫的結構。思想是物的符號，字是思想的符號，語言則是符號的集合，語言的本質取決於它同語言之外的實體的關係；另一個原理認為，是否正確地使用一個特定的字去指一組特定的思想—事物，判斷的標準是主體。主體在對其意識和它的內容的可靠占有中，把意義賦予給字，並保證對於這些字的正確使用。

同這種歷時態語言學相適應的哲學範疇的序列是，在笛卡兒和洛克 (J. Locke, 1632–1704) 的著作及其衍生的傳統中，給予作為自我規定點的主體以首要性。思想和世界的秩序正是由這個規定點出發來構造的，而語言對於意義的內容來說，則變成了簡單的儲存器。從作為情報的儲藏和交往的手段的方便來說，語言是必要的，但它卻服從和取決於主體同它的思想及其印象之間的直覺關係。

索緒爾從根本上推翻了這種歷時態語言學。在《普通語言學教程》中，索緒爾首先批判了那種認為當著把語言歸結為它的要素時，語言就是一個命名過程——一系列的字，每個字都符合於它所命名的物和人——的理論。索緒爾說，這種概念使人們認為，一個名詞和一個事物之間的聯結，是一種非常簡單的操作。然而，這個假定是虛妄而不真實的，因為語言學符號所統一起來的，不是物和名詞，而是概念和它的聲音—映像。他認為符號系統包括「所指」(the signified)和「能指」(signifier)，概念和聲音 ─ 映像。人們所說的「樹」， 是和「樹」這個概念相聯繫著，而不是和「樹」這個概念名下的現實世界中的「樹」實體相聯繫著的。索緒爾認為，可以把語言和一張紙相比，思想在前，聲音在後，人們不能切斷前面的而在同時又不切斷後面的。同樣地，在語言中，人們也不能把聲音和思想分開，或把思想和聲音分開。所以，語言中的意指作用過程，包含了從聲音 ─ 映像到概念的運動，以及回過來從能指到所指的前進和後退的運動。

在這裡，索緒爾提供的新東西在於，他設想了意指作用的可能性條件的方式。他斷言語言符號具有任意性，就是說，能指和所指之間的關係是一種純粹的協定關係，這裡面不包含聲音 ─ 映像同它所代表的概念之間的那種類似或者聯結的要素。

索緒爾強調說，意指作用取決於構成一種語言的各單位之間的關係，他借助於語言學價值的概念來說明這些關係。索緒爾說，在這裡，和交換價值的類似性，是十分明顯的，為確定一個五法郎的硬幣是什麼，人們就必須知道：第一，可以把它同固定量的不同東西 ── 如麵包 ── 相交換；第二，它可以和同一個體系中的類似價值相交換，如和一個法郎的硬幣相交換，也可以和另一個體系（如美元等）的硬幣相交換。同樣，一個字可以同某種不同的東西、一個思想相交換，此外，它還可以同某種同樣性質的東西、另一個字相比較。所以，它的價值並不是固定不變的，只要人們簡單地說，可以把它同一個特定概念相交換，就是說它有這個或那個意指作用，那麼，人們也必須把它同相類似的價值相比，把它和與它相對立的字相比。實際上，它的內容是由存在於它外面的一切併發事件所確定的。它是一個體系的組成部分，不僅被賦予一種意指作用，而且

也被、並且尤其被賦予價值，而這是某種十分不同的事情。

索緒爾還斷定意指作用取決於價值，聲音－映像和概念之間的關係取決於能指和所指兩個系列的內在關係。索緒爾說，概念最初是無，它只是一種被同其相類似的價值的關係所決定的一種價值，要是沒有它們，意指作用就不存在。價值的概念方面，完全是由語言的其他項目的關係和差異構成的，價值的物質方面（即意指）也可以這樣說，重要的事情在於，字並不只是聲音，而是可以使這個字和一切其他的字區別開來的語音上的差異，因為差異支撐意指作用。索緒爾認為，價值不只是由字或概念之間的關係組成的，而是由它們的差異關係組成的──由它們之間的差異組成的。據此，索緒爾得出結論說，在語音中，只存在差異，更重要的是，一個差異一般包含著差異在其間確定的實證名詞；但在語言中卻只有無實證名詞的差異，不論我們拿過所指還是拿過能指，語言既沒有存在於語言體系之前的思想，也沒有存在於語言體系之前的聲音，而只有從這個體系產生出來的概念的和語言的差異。

思想或一個符號所包含的語言實質，其重要性次於圍繞它的其他符號。所以，索緒爾認為，語言在於兩個平行和相互依存的系列：能指和所指。每一個系列都是由其要素之間的關係、聲音和概念構成的，這些關係和要素本身是由差異產生的。索緒爾強調語言(language)❷對於言語(speech)❸的首要性，同時性❹對於歷時性❺的首要性。如果說歷時態語言學從縱斷面上研究各主要語種的某些

---

❷ 社會現象、深層結構。

❸ 個人現象。

❹ 在任何一個時間內構成語言的關係。

❺ 語言的進化。

語言現象在歷史上的發展情況的話，那麼，同時態語言學則主張從橫斷面作「統一的語言體系的研究」，即著重研究同一時間內各種語言現象之間的相互關係，特別是它們同整個系統的關係，因為它認為各種語言現象都是在一定時間內同時並存、相互制約、自成一體的符號系統。

歸結起來，索緒爾的同時態語言學，展開了同步分析的主要特徵，同步地從語言符號靜止的相互關係的排列中去研究它們，字同相應的心理映像是相互對立的，如果說，歷時態語言學理論涉及後者，把語言設想成思想的一種表現的話，那麼，同時態語言學理論則轉而關心能夠在形式上加以分析的字，而字只有在總的體系中才是可以理解的。因此，語言首先是一個體系或結構，在這個體系或結構中，各個組成部分在重要性上是次於整體的；意義並不存在於表述言語者的思想中，而是存在於符號本身的體系中。索緒爾的同時態語言學認為，人的理性有一種先驗的結構能力，它在意識中支配人的行為，所以，一種由人類行為構成的社會現象，不管它在表面上如何，都蘊含著一定的「結構」，在支配它們的性質和變化。正是在這個意義上，索緒爾被稱作為結構主義之父。

法國人類學家列維－斯特勞斯在1945年發表的《語言學的結構分析和人類學》的論文、特別是在1962年出版的《野蠻人的心靈》中，首先把索緒爾的同時態語言學方法應用到人類學研究中去；精神分析學家拉康則把結構主義語言學的概念，應用於他對弗洛伊德精神分析學的重新解釋中。除此之外，還有巴爾特在文藝理論方面、德立達在哲學和文學批評方面、克利絲特娃在符號學和文學批評方面、傅科在歷史哲學方面，都應用結構主義語言學的方法。

由於結構主義在探索一種新的社會認識方法的過程中，極力適

應於現代科學技術革命發展的需要，把自然科學、精密科學的方法
引進社會科學的領域中，使人文科學獲得像精密科學一樣的地位，
而且作為一種具體的專門的科學方法來說，它能夠推進一些具體的、
專門的科學的發展，並為它們展示出積極的前景，因而在六○年代
的法國思想舞臺上，很快取代了存在主義而占據統治地位，而被像
阿圖色那樣的許多學者所仰慕和信奉，引為自己的一個思想源泉。

三、精神分析學說

阿圖色結構主義馬克思主義的另一個思想源泉，便是由弗洛伊
德創始的精神分析學說(psychoanalysis)，以及由拉康發展的結構主
義精神分析學說(structuralistic psychoanalysis)。

精神分析是奧地利醫生弗洛伊德創建的治療神經症的一種方
法，也是弗洛伊德及其後繼者在醫療實踐中建立的一套心理學理論，
這一理論的中心概念是無意識。無意識是生物本能的作用，意識是
人類理智的作用，生物本能表現為無意識的衝動，無意識作為人的
動力基礎是人的行為的決定因素。無意識衝動總是力求得到滿足而
上升到意識領域，對於無意識，意識或者尋求滿足其衝動的途徑，
或者調節這種衝動和社會規範之間的衝突，避免機體受到外部的傷
害，由於社會力量相當強大，意識的調節往往表現為對無意識衝動
的壓抑。這就是說，凡是不符合社會規範的欲望和衝動都被壓抑在
無意識的深層中，但它們仍然影響著意識，如早期衝動比較強烈，
壓抑創傷比較嚴重，還可表現為神經症症狀。對此，弗洛伊德主張，
治療的關鍵在於通過自由聯想和解夢等手段在無意識中尋找症狀的
本原意義，幫助患者追憶早期創傷的形成，「說出」或宣洩內心的
積鬱以達到治療的目的。

弗洛伊德的精神分析學說又有早期和後期之分。

弗洛伊德 1920 年以前的早期理論認為，人的心理可以分為意識、前意識和無意識三部分。意識指個人目前意識到的一切，前意識指雖非目前意識到、但可通過回憶而變為意識內容的一切，無意識則指被壓抑而不能通過回憶再召喚到意識中去的一切，這通常是不為社會規範所容的欲望。

欲望與規範常常發生激烈的鬥爭，結果往往是欲望讓步、遷就規範，這就是壓抑。但這些被壓抑的欲望並未因此而消滅，它們作為被遺忘的無意識欲望留在無意識深層中，神經症就是由於性本能衝動受到壓抑得不到滿足而產生的結果。人的行為通常受本能支配，但同時又受現實的限制。人的心理因而也有兩種系統：形成於嬰兒期的第一種系統受快樂原則的支配，形成於嬰兒期以後的第二種系統，除受快樂原則支配外還受現實原則支配。快樂原則順從人的本能衝動，絕對自由，但隨著年齡增長，社會習俗的教育的影響也逐步加深，人發現自己的本能欲望往往和社會道德、法律規定兩不相容，發現自己除尋求快樂之外，還得適應現實、克制自己的本能衝動。

弗洛伊德認為，快樂原則與現實原則的衝突，支配著整個文明的發展，它構成為弗洛伊德文明哲學的主要內容。弗洛伊德說，在文明化的價值和人的本能要求之間存在著一種永恆的、不可避免的衝突，一切文明都是作為社會努力壓抑個人的本能欲望的結果而得到發展的。愛欲或生命本能，在再生產的意義上本來並不限於性的範圍。性是整個人類有機體的一個普遍特徵，但為從事生產性的工作❻，人類發現必須把性經驗的範圍限於生殖領域，並甚至把這種

---

❻ 它本身並不給人帶來快樂。

狹隘地想像的性限制到最小限度，把由此解放出來的能量，不是用於追求快樂，而是用於同環境作鬥爭。對於生產的其他的基本決定因素，也用這樣一種方式來加以改造，把它們用來克服物質的本性和增進勞動效能。

但這樣一來，文明就必然具有一種壓抑的性質，給本能套上一副對它來說是不「自然」的挽具。然而，這種壓抑和深化，卻是文明發展的必要條件，是文明的不可缺少的前提和固有的組成部分。壓抑的作用是把本能的欲望轉移開，使之同意識保持一定的距離。壓抑的基本結果，則是把本能的欲望改變成繼續要在意識中遭到拒絕的痛苦的經驗。壓抑還引起不停地壓抑本能的惡性循環，使之隨著文明的發展而增長。壓抑還是一架自我推進的機器。

1920年以後，弗洛伊德適應於第一次世界大戰以後發生的社會變化，修正自己的觀點形成他的後期理論。

在第一次世界大戰期間，弗洛伊德看到恐怖的屠殺和瘋狂的破壞，感到人的本性中可能還存在有同指向生命的生長和增進的性本能、自我本能所構成的生存本能相對立的，某種侵略的本能或自我毀滅的本能。弗洛伊德認為，存在於性的後面、經常驅使人去追求快樂的潛力的里比多，發生在有機體內部，又聯結着外在對象，生存本能和死亡本能都這樣。

於是，弗洛伊德就在無意識概念的基礎上，又提出人的精神是由本我、自我和超我組成的。最原始的本我與生俱來，是無意識的結構部分，它由先天的本能、基本欲望組成，同肉體聯繫著。它們強烈地衝動著，希望能很快得到滿足，它通過自我急切地尋求出路。自我也是意識的結構部分，它處在本我和外部之間，根據外部世界的需要來活動，它的心理能力大部分消耗在對本我的控制和壓抑上。

所謂超我，則是道德化了的自我，它包括通常所講的良心和自我理想。良心負責懲罰違反道德標準的行為，自我理想則以現實原則為基礎，確定道德行為的標準。這樣構成的超我，其主要職能在於指導自我去限制本我的衝動。在正常情況下，本我、自我和超我處在一種相對平衡的狀態中，當著這種平衡關係遭到破壞，就會產生精神病。

1929 到 1933 年期間的資本主義世界經濟危機以及爾後的第二次世界大戰，使得世界上精神神經病發病率大大提高。於是，一些從西歐、特別是從德國移居美國的精神病學家和精神分析理論家，在新的社會歷史條件下，在醫療實踐和理論研究中，開始拋棄正統的精神分析路線，而逐漸形成新的精神分析學派。這個以沙利文 (H.S. Sullivan, 1892–1949)、霍妮(K. Horney, 1885–1952)和弗洛姆等人為代表的新精神分析學派反對弗洛伊德學說中的本能論，拋棄了里比多的概念和人格結構說，把文化、社會條件和人際關係因素提到精神分析的人格理論和治療原則的首位。它強調社會、文化因素對人的心理和行為的影響，強調家庭環境和童年經驗對於人格發展的重大作用，並重視自我的整合和調節作用。

正是針對著美國新精神分析學派這種背離了正統的弗洛伊德主義，主張從「外部」、從社會文化去解釋弗洛伊德主義的傾向，法國的巴黎弗洛伊德學派創始人、結構主義解釋分析學說的主要代表拉康提出了「回到弗洛伊德學說去」的綱領。

應當指出，法國結構主義者是普遍重視弗洛伊德的精神分析學說的，特別是其中的無意識理論。但是只有拉康，才把解釋分析學說作為專門進行結構主義研究的對象。拉康的結構主義精神分析學說認為，人的行為不是取決於他的某些客觀生活和活動的物質因素，

而是取決於他的某些主觀的心理因素，即無意識本能和欲望，因此，無意識系統應當成為心理分析的理論基礎。同時，拉康又借助於結構語言學的模式，用科學術語去描寫無意識，把它加以形式化和納入現代人本科學的各個領域。

拉康認為，無意識的東西像語言一樣是有結構的，人的一切願望都被記入已經存在的符號系統，其主要形式就是語言。所以，只有對語言的形式結構和它的機制進行分析，才能真正揭示出無意識的本性。純粹前語言的無意識的東西是見不到的，人們只能一面根據病人關於其夢境和願望的陳述，一面根據醫生對病人言語的分析，對這種東西作出判斷。

為了研究語言的無意識結構，拉康提出了「鏡像階段」(the stage of mirror)論，即嬰兒從6個月起在照鏡子時獲得某種視覺表象，並把它印在意識中。接著，拉康又從鏡像階段論中引申出主體三層結構說，即現實界、想像界和象徵界。這三層結構大體上和弗洛伊德的本我－自我－超我相一致。在這三個層次中，現實界指生活機能，對於想像界來說是一種動力，但在精神治療中不可能被發現，因而被拉康排除在科學研究範圍之外；想像界是人的個體生活、人的主觀性，它是現實界前驅行動的結果，但不受現實原則的支配。所以，在想像界的層次上個性的自我設計是虛幻的，拉康把它稱為妄想功能、不現實的幻想綜合；象徵界是一種秩序，是一種支配著個體的生命活動的規律。象徵界還同語言相聯繫，通過語言同整個現存的文化體系相聯繫，個體依靠象徵界接觸文化環境，同「他者」相聯繫，在這種關係的基礎上客體化，開始作為主體而存在。所以，象徵界是一種能形成結構的力量，它控制著現實界和想像界。

阿圖色的結構主義馬克思主義，同從弗洛伊德到拉康的精神分

析學說的思想傳承關係，是極其明顯的，而且是表現在多方面的。

　　首先，阿圖色以「重新讀解馬克思」、「回到馬克思」的形式進行理論干預的整個設計，就是從拉康的「重新讀解弗洛伊德」、「回到弗洛伊德」的綱領那裡借鑒來的。在 1964 年所寫的一篇題為〈弗洛伊德和拉康〉❼的重開馬克思主義和精神分析學說的對話中，阿圖色稱讚拉康對弗洛伊德的解釋，贊成他把這種解釋描寫成為對修正主義的反駁，並在引出的結論中表示他對馬克思有與此相類似的企圖。當精神分析學說在共產黨人中的名聲還不太好的時候，阿圖色就邀請拉康去參加他在巴黎高等師範學校主持的研討班；拉康也在1966年12月29日的《費加羅報》上說他相信阿圖色對馬克思思想的劃分，能夠被看作是有權威性的。正因為這樣，西方有人指出，在阿圖色的馬克思主義、拉康的精神分析學說和索緒爾的結構主義語言學之間，有一個接近於三角聯盟的東西。

　　其次，在阿圖色展開的結構主義馬克思主義理論中，有相當部分是以從弗洛伊德到拉康的精神分析學說為直接思想源泉的。阿圖色的「對症讀解」概念直接淵源於弗洛伊德對待夢和被弗洛伊德稱作「日常生活的心理病理學」（即精神病理學）的其他方面的論述。阿圖色所說人們在理論中、在心靈中有一種無意識，為了理解一種文本的「空白」、「缺乏」以及「脫漏」，就需要有一種特殊的讀解理論，顯然是從弗洛伊德在《夢的解析》一書中所實踐的深度釋義學那裡借用來的。關於「理論框架」，阿圖色認為它總是完全沈默的，因而必須以精神分析學家「讀解」其病人的夢的相同方式去揭示；阿圖色明確指出，只是從弗洛伊德以來，人們才開始懷疑所聽到的、從而所說的、所意味著的。說和聽的「意思」顯示了在說和聽的天

---

❼　後收入《列寧和哲學》一書。

真無知方面的第二個十分不同的話語，無意識的話語難辭其咎的深度。阿圖色提出的矛盾的「多元決定」這個概念，也是從弗洛伊德用來描寫想像中夢的思想的方式那裡借用來的。在精神分析學說中，「多元決定」此詞原是指許多原因同時起作用而引起的一種精神病。弗洛伊德在《夢的解析》用它來指每個具有某種說明力量的、若干同時發生的因素，有助於症候的形成。

　　阿圖色所說理論上的反人道主義，除了結構主義以外，還有弗洛伊德精神分析學說的附加來源。因為對於人的「天真的自戀」來說，精神分析學說是繼哥白尼(N. Copernicus, 1473-1543)的宇宙中心論、達爾文 (C.R. Darwin, 1809-1882) 的進化論之後的第三個打擊，它表明自我甚至不是「它自己屋內的主人」，而是服從於較深的無意識動機的。阿圖色本人也說，弗洛伊德為人們發現：真正的主體、個人在其獨特的本質中，並沒有以「自我」為中心，以「意識」或「存在」為中心的一個自我的形式。人類主體是離開中心的，由一個結構構成的，這個結構除了在對「自我」的想像的錯誤承認中以外，即在它承認它自己的意識形態結構中以外是沒有中心的。最後，阿圖色通過從再生產需要出發去論證意識形態的國家機器，也是借鑒了拉康的精神發現學說的，因為正是拉康提出了關於社會形態的全面再生產需要，是銘刻在個人社會角色的主觀世界中的那些機制的新說明。

四、巴歇拉爾的歷史認識論

　　阿圖色結構主義馬克思主義的又一個思想來源，是他的導師巴歇拉爾 (G. Bachelard, 1884-1962) 的歷史認識論。巴歇拉爾是當時法國理性主義科學哲學的領袖人物。在他的影響下，阿圖色把法國

的這種理性主義思潮引入了馬克思主義。

說起巴歇拉爾的歷史認識論，就必須追溯到十九世紀末物理學危機所導致的二十世紀初相對論和量子力學的出現，不僅在物理學、而且在更廣泛的文化中所造成的創傷性後果。在哲學中，牛頓物理學連同其形而上學和認識論的被取代的震動，記錄在「約定主義」(conventionism) 科學哲學命運的復活中。正是在法國的科學哲學中，這種約定主義得到了最充分的表現。古典的科學哲學「理性主義」和「經驗主義」，企圖在科學只把可以證明的命題（或通過從無可爭辯的前提的真實推導，或通過在經驗證據上的真實操作），接納到已確立的知識體系中的那種程序，去把科學信念同非科學的信仰、意見、偏見明確地區別開來。經驗主義、尤其在其歸納形式中，認為科學法則是已經觀察到的實例的概括，科學史只是作為知識體系的連續不斷的積累才是可以理解的。

而約定主義則針對著這些古典哲學，聲稱在特定時刻內已經確立的科學理論體系，是被經驗證據和形式推理所「證據不足地說明」的。換句話說，總是可以用有力的經驗證據、以充分的邏輯連貫性去說明不止一組的理論假定的，知覺理論也可以被用來確立「理論—中立的」觀察的不連貫性。

約定主義科學哲學和古典科學哲學的區別在於，它們允許為把科學認真地當作歷史現象，而被改變和鎖定在和其他社會實踐的關係中留有餘地。法國的科學哲學正是在這個歷史的維度中引人注目的❽，它確立了對於科學的任何哲學說明，都要適合於特定科學的

---

❽　與此相比較，同類的英美科學哲學只在相對地說較晚地，隨著漢森 (N.R. Hansen)、庫恩 (T.S. Kuhn, 1922-1996)、費耶阿本德 (P. Feyerabend, 1924-) 等哲學家著作的出現而崛起。

歷史中的具體的（尤其是革命的）插曲的要求，「歷史認識論」由
此得名。

巴歇拉爾認真地對待創造一種適合於科學史的每一時刻的哲
學這個任務。他認為，科學哲學一方面是科學中新發明的結果，另
一方面，又有可能變成科學進一步發展中的障礙。只有一種新的哲
學才能在一種革命以後的科學中區分出什麼是真正科學的，並保衛
這種成就免得被那門科學的歷史中前一階段的哲學殘餘所損害。

巴歇拉爾說，科學是一種只是在反對人性的自然愛好的鬥爭中
奪取得來的成就。我們在我們的日常生活中形成的常識概念，我們
按表面價值看待我們經驗的傾向，我們認為世界是自發地可以理解
的傾向，我們的易於被特別生動的印象所吸引的感受性，如此等等
的這類東西都屬於「幻想」的領域，它們是藝術和詩歌的材料，但
科學中的客觀性卻需要進行不斷的鬥爭去反對我們思想的這些愛
好。

巴歇拉爾由此引申出科學的兩個特徵：第一，科學知識並不像
經驗主義所描寫的那樣，似乎是無知的對立面。不，科學是一張黏
著力強的網；第二，據此，科學的歷史不可能是知識的不斷積累的
過程，而必然是不連續的革命過程。通過這個過程，早先的概念被
拒斥、移置並被新的理論構造所取代，而改變的也必定是一種包含
科學的整個理論體系的事情，而不是一種一對一地逐個影響概念的
變化。這是因為構成一個理論結構的概念和問題，是不可被視為獨
立於它們在整體內的位置的、構成一個理論結構的諸概念的這種相
互依存，以及它們能在其中提出某些問題的方式，並排除其他問題
不予考慮，這不僅被巴歇拉爾、而且也被法國認識論傳統內的其他
人考慮用「問題框架」此詞去概括其特徵。

　　巴歇拉爾認為，在每一點上，科學都受到阻止其進步的「認識論上的障礙」的威脅。然而，它並沒有給我們以關於這些障礙的一般理論，而是給了我們一個目錄和某些歷史實例。它們包括人心的「自然的」和常識的傾向，如泛靈論、實在論、實證論等等，科學發明通過它們而被心靈的自然傾向所接納，雖然這些哲學自稱是科學方法的普遍哲學，卻只同每門科學的歷史中的某個階段有關，從而構成認識論上的障礙。常識和非科學的想像與觀念據以侵入科學話語的工具。這樣，一種適合於科學發展現階段的要求的哲學，就必須是一種「否定」一切以前的哲學的哲學。它必須特別抵制把科學活動的暫時結構變成一種固定的本體論體系，從而阻礙科學的進一步轉變的誘惑。

　　巴歇拉爾致力於約定主義的某些學說，尤其是他對經驗主義和實在論的拒斥，他的關於科學理論是結果開放、發展科學實踐的構造的概念，使他拋棄了關於科學的客觀性就是作為一種理論的概念同獨立地存在於理論之外的現實世界相符合的任何概念。正是在這裡，產生了一個對一切約定主義的科學哲學、特別是對歷史認識論來說是核心的問題，如果理性證據和經驗證據都不能被當作科學知識和外部實在之間符合的保證，如理論圖式只是歷史構成的協議，那麼，怎麼能正當地賦予科學發現以任何特別的認識論價值呢？我們所有的一切是關於實在的各種共存的協議概念，任何概念都不能聲稱有比任何其他概念更被人相信的權力。總之，約定主義具有不能杜絕相對主義和不可知論的困難，對此，巴歇拉爾不是企圖用一種使科學思想符合現實的辦法，而是使之同它們由以出發的「錯誤之網」保持距離的辦法，來解決這個問題。

　　以巴歇拉爾的《當代物理學的理性主義活動》(1951) 和庫恩

(T. Kuhn, 1922–1996)的《科學革命的結構》(1962)相比，可以看出兩者有一致之處，這就是：兩者都表述了關於科學史的非連續主義概念，都表述了科學分工及其物質實例如書、手冊、科學工具、研究者集團的構成，兩者都談到了科學的「常態」； 但是，它們兩者也有不同：在巴歇拉爾那裡，核心的觀念是「認識論上的價值」，他所旨在實現的「科學文化的哲學」， 應揭示科學史就是「認識論上的價值」的逐漸出現和永恆重組。

「認識論上的價值」此詞的功能在於，提醒專業哲學家不要忘記當代科學的收穫對他們有極大的好處，同時，巴歇拉爾也用它指向科學哲學內部自彭加勒 (H. Poincare, 1860–1934) 以來成為傳統的傾向，請認識論家注意到當代科學實踐中新的認識論價值的經常浮現。這樣，「認識論上的價值」這個觀念就也具有抨擊他稱作「庸俗相對主義」、「過時的懷疑論」的功能。而從積極的意義上說，「認識論上的價值」此詞，一是意味著真理的真理性是由它自身「加諸它自身」的。在這裡，巴歇拉爾提出了科學知識客觀性的命題，但並未加以論述，也未企求尋找這種客觀性的保證；二是意味著貶低它所不是的東西、先於它和外在於它的東西的價值。在巴歇拉爾看來，社會的、經濟的、意識形態的和政治的等等外部規定是服從於諸如真實的標準那樣的科學實踐的內部狀況的，這樣，它從一開始就把一切認識論上的經濟主義、社會學主義、心理學主義驅除了出去。

反之，在庫恩那裡，所謂常規科學，則是指一套在特定時刻內為科學集合所共有的信念，被集團在拒斥同它相異的東西的每一威脅和打擊時所捍衛的信念，即「範式」。 但構成所謂常規科學的常態是什麼？常規科學符合什麼規範？庫恩提供的回答是說，範式是

常規科學的軌準，而範式的規範的基礎則是科學集團選擇某種科學理論或發現作為範式的決定，就是說，科學集團的一致同意保證了常規科學的規範性。庫恩顯然不能解決科學知識的客觀性問題，所以，儘管庫恩的認識論傾向，有其同巴歇拉爾的認識論傾向相似之處，卻無法同它匯合在一起。

阿圖色把巴歇拉爾的理性主義認識論傾向引入馬克思主義，特別是借用他的兩個關鍵性概念來讀解馬克思主義。

其中之一是「問題框架」的概念。早在1927年，巴歇拉爾就斷言問題的意義是科學進步的主要砥柱。在《應用理性主義》一書中，他又提出「問題框架」的概念來，以便在新的認識論框架中說明他已企圖用數學的場的隱喻去思考的東西。

阿圖色從巴歇拉爾那裡借用來的另一個關鍵性概念，是「認識論上的斷裂」。巴歇拉爾在《應用理性主義》一書中談到科學革命的分歧時，指出其當代時期同從日常知識到科學知識、從日常經驗到科學經驗的斷裂和過渡相吻合，以此來說明和進化論的或歷史主義的進步論相反，知識的進步並不是單純積累式的，而是通過巨大的跳躍來實現的。科學的對象並不是在經驗中給予的某種東西，而是被生產或構造出來的某種東西，而且它的存在受惠於克服在其發展道路上出現的種種障礙。在任何新科學的奠基要素中，都有一個標誌著新的科學話語層次的出現的理論發展中的斷裂。

然而，阿圖色對於上述概念的借用，又並不是原封不動地照抄照搬。例如，在巴歇拉爾對科學的分析中曾經發揮了重要作用的「科學城」概念，即科學研究的體制化的集團特性，為克服影響個人心靈的認識論上的障礙所必不可少的概念，就沒有被阿圖色所借用。在阿圖色那裡，科學對於意識形態以及其他社會實踐的「自主性」，

是純粹概念的和認識論上的自主性，同特定的社會關係或機制體系顯然無關。其次，為科學設置的對立面，在巴歇拉爾那裡，是幻想，是人類心靈的自然傾向；而在阿圖色那裡，卻是意識形態。這是一個出現在歷史唯物主義理論框架中的概念，而且作為對歷史唯物主義發展的障礙，它並不植根在普遍的個人心靈中，而植根在個人據以體驗同他們生存條件的關係的理論表述中。順便要指出的是，巴歇拉爾的興趣在自然科學的哲學，而阿圖色的興趣則相反，在社會科學的哲學。

五、斯賓諾莎主義

阿圖色思想的又一個重要源泉，是斯賓諾莎主義。在《讀解「資本論」》中，阿圖色把斯賓諾莎稱作「馬克思的唯一直接祖先」；在《列寧和哲學》中，阿圖色說，他的參考點既不是康德，也不是黑格爾，而是斯賓諾莎，並自稱他是一個斯賓諾莎主義者；以後，阿圖色又說，為了理論馬克思的哲學，他搞了一個經過斯賓諾莎的迂迴。實際上，正是巴歇拉爾的歷史認識論和斯賓諾莎主義這兩個理性主義傳統，決定了阿圖色認識論上的反經驗主義，決定了阿圖色結構主義馬克思主義的特殊性。西方有人分析阿圖色版的馬克思主義，實際上是一種和某些斯賓諾莎的和結構主義的命題，以及同馬克思本人的方法論反思的要素相結合的，經過改造的馬克思主義的巴歇拉爾認識論。

斯賓諾莎是荷蘭的唯物主義哲學家。他雖然出身在猶太商人家庭，從小接受猶太教會學校的猶太神學教育，但在布魯諾(G. Bruno, 1548–1600)的自然哲學和笛卡兒的新哲學的影響下，卻在對《聖經》的批判性研究中，否定了教會所宣揚的能任意禍福人的上帝和用以

騙人的不可解釋的奇蹟，他把上帝等同於自然，把上帝的意志說成無非就是自然本身的固有規律。

在斯賓諾莎那裡，神、自然、實體這三個概念是表達同一個最高的存在的，而把實體理解為在自身內並通過自身而被認識的東西，就是說，形成實體的概念，是可以無須借助於他物的概念。因此，實體在數量上只有一個，實體是自因，實體是無限的，也是永恆的、自明的。但是，斯賓諾莎的實體論又有保留「神」、甚至聲稱人也「參與神性」的泛神論色彩。斯賓諾莎認為，「屬性」構成實體的本質特性，無限的實體在原則上也有無限多的屬性，但能被人認識的只有思想和廣延兩種屬性；而「樣式」則是實體的各種特殊形態，它們是實體這一無限之物的體現者。

如果說，斯賓諾莎在世界觀上確立了一個在泛神論外衣掩蓋下的唯物主義一元論體系的話，那麼在認識論上，他又是十六－十八世紀歐洲唯物主義理性主義思潮的主要代表之一。

在感性認識和理性認識的關係問題上，斯賓諾莎認為，只有理性認識才可靠，而感性認識是不可靠的。他把知識分為三類：第一類知識，是意見或想像，即由傳聞或者由某種任意提出的名稱或符號得來的知識，以及由泛泛的經驗、也即沒有為理智所規定的經驗得來的知識。他認為這一類知識是虛妄的原因；第二類知識，是理性，即推理的知識。如果推理的過程正確的話，那就必然是真實的；但推理的過程也可能發生錯誤，因而其可靠性要次於第三類知識；第三類知識，是直觀知識，即純粹從認識的一事物的本質或它的最近原因而得來的知識，這是指理性的直觀，理性不依靠感覺而直接把握到事物的本質而獲得的知識。

這種理性主義認識論由於使理性認識成為無源之水、無本之木

的主觀自身的東西，在實質上是一種唯心主義的先驗論，但是，由於斯賓諾莎在有關認識論的一些帶根本性的重大問題上堅持唯物主義立場，因而他又認為，認識的對象是客觀存在的自然界和它的規律，以及自然界中的個體事物，即「實體」及其「屬性」和「樣式」，同時他又明確肯定「真觀念必定符合它的對象」，「觀念的次序和聯繫與事物的次序和聯繫是相同的」，就是說，斯賓諾莎是把主觀必須符合於客觀視為理所當然的。

　　但在另一方面，由於斯賓諾莎的認識論畢竟持片面的理性主義觀點。所以又不能把唯物主義堅持到底。例如，在真理論的問題上，斯賓諾莎認為真理就是真理的標準，又是錯誤的標準；凡是由心靈中本身正確觀念推演出來的觀念也是正確的。雖然他說過「真觀念必須符合它的對象」，但是，他又認為，這只是真觀念的「外在標誌」，而真觀念的「內在標誌」則是觀念本身的清楚、明白和恰當。

　　在斯賓諾莎看來，真觀念不僅在於它本身與其對象總是必然符合的，而且單就其本身而不涉及對象而言，就具有真觀念本身的一切特性和內在標誌。為此，他特地提出了「恰當觀念」(adequate idea)的觀念，說「恰當觀念，我理解為單就其本身而不涉及對象來說，就是具有真觀念的一切特性及內在標誌的一種觀念」，「真觀念和恰當觀念，除了『真』這個字表示觀念和對象的符合，『恰當』這個詞表示觀念自身的性質外，沒有任何其他的區別。所以真觀念和恰當觀念除了這種外在的關係外，實際上根本沒有區別」。

　　除此之外，斯賓諾莎的認識論還把必然同偶然、絕對同相對割裂開來，斷言理性的本性不在於認為事物是偶然的，而在於認為事物是必然的，並斷言理性的本性在於在某種永恆的形式下來察看事物，這就否定了認識偶然的事物和變化發展中的事物的重要意義，

否定了認識的相對性以及真理的絕對性和相對性的統一。

　　阿圖色同斯賓諾莎的思想傳承關係是多方面的。概括地說阿圖色從斯賓諾莎那裡繼承了一整套同黑格爾的歷史主義模式相對立的、對於社會研究的理性主義觀點，特別是斯賓諾莎的反經驗主義認識論。具體地說：

　　第一，阿圖色把斯賓諾莎在《倫理學》卷一中提出的關於「上帝」是一切事物的「內在原因」，實體是自因的觀點，當作是其對於所謂「結構因果性」，所謂「隱藏」、「不在的」原因等論述的預示。在阿圖色看來，馬克思已經注意到要用一個觀念來描述這種結構因果性關係，但在馬克思的著作中，它只是存在於實際狀態中，如要找到一個概念以它應有的氣質去思考這個問題的話，那就必須越過馬克思，回到斯賓諾莎「具有史無前例的勇氣地提出這個問題和總括了第一個對它的解決辦法」，因為只有在斯賓諾莎那裡，才找到一個能說明「隱藏的」或「不在的」原因的結構同其效果之間的關係的概念，這個概念就叫做結構因果性。

　　第二，阿圖色把斯賓諾莎在「真觀念」及與之「相對應的客體」之間所作範疇性區分，應用到馬克思《政治經濟學批判・導言》的解釋中去，提出認識客體和實在客體這樣「兩種客體」之間的不可還原的區分，建立「兩種客體」論。

　　第三，阿圖色用斯賓諾莎關於三類知識有「想像」——虛妄，「理性」、「直觀」——必然真實的區分的理論，去思考意識形態和科學的對立，作為從意識形態到科學的「認識論上的斷裂」的補充參考系。

　　第四，阿圖色根據斯賓諾莎把認識過程看作是智力工具的生產過程的觀點，聲稱用關於實在客體的恰當觀念的生產，產生出實在

客體的知識，這是理論實踐這種特殊實踐的產物，由此展開了他的
「理論實踐」的理論。

第五，阿圖色借用了斯賓諾莎關於真理是它本身和虛假的標準
的理論，提出理論實踐就是它自身的標準，並在其自身就包含有用
來證實其產品質地的確定的議定書，所謂保證認識的真實性的標準
問題，壓根兒是一個假問題，而不是一個真問題的觀點。

第六，阿圖色還根據斯賓諾莎的只有必然、沒有偶然的決定論，
以及認為甚至在壓迫性最少的政權中，人們將繼續受他們的熱情所
統治的信念，提出甚至在將來的共產主義社會中，人類大多數還將
沈溺在作為他們生活經驗的必然中介的關於意識形態的幻想中的理
論。

但是，阿圖色在借用斯賓諾莎的原理和觀點的同時，又不是原封
不動地照抄照搬。例如，在真理的問題上，阿圖色承襲了斯賓諾莎關
於真理既是真理自身的標準、又是錯誤的標準的理性主義觀點的時
候，就沒有承襲斯賓諾莎關於「真觀念必定符合它的對象」、「觀念的
次序和聯繫與事物的次序和聯繫是相同的」唯物主義觀點，這就使他
的真理標準論，只有理性主義的味道，而沒有唯物主義的氣息。

第五章 阿圖色同法國共產黨的關係

阿圖色要對由蘇共 20 大批評個人崇拜所引發的馬克思主義人道主義化進行理論干預，而他所參加的法國共產黨，則是一個受蘇共影響比較深的黨；在由蘇共20大導致的中蘇論戰中，阿圖色在思想觀點上支持毛澤東及其發動的「文化大革命」，而阿圖色所參加的法國共產黨則站在蘇共一邊。這樣，隨著國際共產主義運動中上述事態的發展，隨著阿圖色理論干預的深入，就必然日益尖銳地把阿圖色同法共的關係提上議事日程。

一、阿圖色在組織上參加法國共產黨

在西方資本主義國家中，法國共產黨是一個建黨較早，具有悠久的工人運動和馬克思主義傳統，在法國政治生活中發揮了積極作用的黨；但在理論方面，它又處在基本上照搬蘇聯模式的狀態。這種理論與實踐不相適應的狀態，成為原因之一導致了在 1929 年以後，有一些知識分子在參加法共以後又被開除出黨或主動退黨的情況。

阿圖色是在 1948 年參加法國共產黨的。他怎麼會參加法共的呢？據他本人說，是因為他在戰俘營中所受到的反面教育，特別是因為受到那裡共產黨人光輝形象的鼓舞，也是因為他的友人雅克‧

馬丁的引導，以及他在1946年結識、後來成為他妻子的埃琳娜・李特曼(Hélène Rytman)的幫助，而參加法國共產黨的。但據阿圖色在巴黎高等師範學校的同學約翰遜講，阿圖色在1947-1948年間對政治和馬克思主義還很少有興趣。1948年，當後來成為著名歷史學家的雅克・勒・高夫(J.L. Goff)從布拉格回來談到共產黨在捷克剛剛發生的政變中上臺執政的情況時，阿圖色還很不關心，而常常說他打算寫有關蘇格蘭哲學家大衛・休姆 (D. Hume, 1711-1776) 的論文，後來又說打算寫法國古典哲學方面的文章。

那麼，阿圖色怎麼會「突然」參加法國共產黨的呢? 看來，這需要從當時的環境中去尋找說明。在1945-1947年間，法共因為其在戰時的反法西斯抵抗運動中和在戰後反對戰爭、爭取世界和平等運動中的卓越表現，在人民群眾中獲得的支持達到了高峰，許多青年知識分子被吸引到法國共產黨中去，以1945年為例，巴黎高等師範學校學生中法共黨員的比例就達到25%。顯然，阿圖色也是在這樣的浪潮裡參加法國共產黨的。但也正因為這樣，他並沒有準備好同法共中央的政治路線始終保持一致的思想基礎，因而，當他開始對蘇共20大批評工人崇拜所造成的形勢進行理論干預時，他同法共中央的關係就不可避免地緊張起來。

二、阿圖色同伽羅迪的論戰

阿圖色開始進行理論干預以後，首先就爆發了一場同伽羅迪的論戰。在蘇共 20 大以後，當時擔任法共中央政治局委員的伽羅迪，迅速改變了他過去所採取的正統派的立場觀點，著手創建一種所謂非教條式的馬克思主義，而它的一個核心內容，就是把馬克思主義人道主義化，為此，伽羅迪就致力於反對「絕對化」，而標榜「開

放」、「靈活」、「多元」，主張借用存在主義、天主教哲學來「豐富」
馬克思主義。

　　伽羅迪認為，人是馬克思主義批判的出發點。因為在資本主義
經濟所支配的世界裡，人處在人性完全喪失的狀態中，失去了人的
存在和本質，變成了物，這集中地表現在無產階級的生活條件中。
無產階級只能通過反抗來拯救其人性，因此，馬克思主義哲學觀點
的核心就應當是創造人本身復歸的條件，使「完全的人」能夠支配
經濟世界而不被其壓垮。據此，伽羅迪說，馬克思主義是科學又是
人道主義，是理論上、實踐上的人道主義。真正的人道主義的社會
主義就是科學社會主義，社會主義的實質就在於使每個人都成為人。
可以說《資本論》的每一頁都是人的大聲吶喊，共產主義則是人道
主義的完成，無產階級的階級目標同完全的人的自由融為一體。

　　伽羅迪說，如果把「人道主義」概念本身當作資產階級的概念
而加以全盤否定，就等於把這一概念本身同它在西方變得明顯的個
人主義的、形而上學的形式相混淆。伽羅迪指出，對人道主義產生
這些誤解的主要原因是一種機械的反映論，把人變成生產關係，把
馬克思主義的人道主義同資產階級個人主義相提並論，這等於給馬
克思主義換上了「一副本來不屬於它的非人道主義面孔」。伽羅迪
認為，笛卡兒、盧梭、康德的古典人道主義，是一種關於人的本質
的唯物主義的、個人主義的和形而上學的概念，而馬克思主義的人
道主義則與此相反，是一種唯物主義的、非個人主義的和非形而上
學的人道主義。

　　阿圖色對此提出反駁說馬克思主義是從一定的社會經濟時期
出發，而不是從「人」出發的。從人出發的觀點是純粹屬於資產階
級哲學的一種出發點。他認為，只有在完全放棄一系列人的理論概

念的條件下，才能認識社會關係的總和。其實，從科學的觀點來看，人這個概念是不能使用的，人道主義是資產階級意識形態，而不是科學。馬克思的《手稿》中，確有人道主義觀點，但那是仍然保留著思辨內容的馬克思青年時期著作，而馬克思的歷史的科學理論，卻正是在同作為意識形態的人道主義徹底決裂以後才創立起來的，它是一種理論上的反人道主義。所以，向無產階級推薦人道主義就意味著使它們同階級鬥爭相分離。

　　阿圖色強調說，人道主義概念不是一個理論概念。無區別地、不謹慎地把一個意識形態的概念❶當作一個理論概念來使用是危險的，是很容易同受資產階級影響的論點相混淆的。即使是蘇聯提出的「社會主義的人道主義」，也包含有一種突出的理論上的不平衡性，是不能作為一種理論命題隨意使用的。

　　鑒於伽羅迪和阿圖色圍繞人道主義進行的論戰具有重要意義，再加上它在黨內外引起了重大反響，法共中央決定在1966年1月召開共產黨員哲學家會議討論這個問題；接著，又在1966年3月，把這個問題提到專門討論意識形態和文化問題的法共中央全會上。

　　據阿圖色說，他聽說，法共中央前任總書記多列士 (M. Thorez, 1900–1964)是支持伽羅迪的。至於從農業工人出身，而且也讀過斯賓諾莎著作的、當時擔任法共中央總書記的羅歇(W. Rochet)，阿圖色曾經到他的辦公室裡去專門談論過人道主義的問題。在那次談話中，阿圖色多次捍衛他所謂的馬克思的理論上的反人道主義的觀點，並且問羅歇說：「工人會怎樣看人道主義？他們根本不在乎！農民怎麼樣？他們根本不在乎！但為什麼黨內的所有這些講演都講馬克思主義的人道主義？你沒有看到，這是一個所有那些知識分子和社

---

❶　如人道主義。

會主義者都在說的同一種語言……」阿圖色說，他聽到羅歇以平靜
的聲音說道：「我們必須為他們做某些事情，要不然他們就離開我
們。」阿圖色感到非常驚訝，甚至沒有敢問羅歇所說「他們」指的
是誰。

　　儘管如此，羅歇在1966年3月中央全會上所致閉幕詞以及全會
通過的決議草案，還是堅持其支持人道主義的基本觀點。羅歇說：
「對於我們馬克思主義者來說，人道主義首先是熱愛勞動者和人
們，為爭取他們的幸福、為使他們的生活變得更有內容和更有成果
而鬥爭，為爭取世界和平、反對世界核災難而鬥爭。我們的人道主
義，不是只表現在關於人的個性的空洞詞句中的抽象的、無成果的
人道主義。這是為走向更高級社會、走向一切為了人的共產主義社
會而號召行動起來的徹底的人道主義。」羅歇反對把人道主義和共產
主義對立起來，把它們看作是兩不相容的觀點。羅歇指出：「沒有
人道主義的共產主義，將不是共產主義，這將是與馬克思、恩格斯、
列寧所說的共產主義毫無共同之處的制度。人道主義也要求提出的
目的和達到這個目的的手段之間有必要的聯繫。共產黨人反對為達
到目的而不擇手段、反對用不人道的方法來達到既定的目的，這種
方式不僅使人遠離目的，而且歪曲目的本身。因為與剝削階級不同，
工人階級和共產黨人不是要用一種壓迫形式取代另一種壓迫形式，
而是要消滅一切壓迫。」法共中央這次全會的決議草案則指出馬克
思主義是「我們時代的人道主義」，並指出馬克思主義人道主義同
「資產階級用於掩蓋社會關係，為剝削和非正義辯護的抽象的人道
主義」的差別，認為馬克思主義人道主義是從工人階級的歷史任務
中產生出來的，工人階級在解放自己的同時要解放全社會。

　　這次法共中央全會雖然肯定了阿圖色及其門徒在提出馬克思

主義學說的理論嚴密性方面的成績，但批評了他著作中已經顯露出一般地說理論和實踐之間、特殊地說馬克思主義理論和工人運動實踐之間的脫離。應當說，正是這種批評構成為阿圖色後來進行自我批評的一個重要原因。全會雖然批評伽羅迪在鼓吹馬克思主義者同天主教徒對話時，在用信教還是信仰無神論的意識形態劃分去取代階級劃分，以及承認這兩種原則上不相容的馬克思主義和天主教思想特性在哲學上的接近方面明顯地越出了界限，但又強調要擴大和加深這種對話的重要性。所以就總的來說，這次全會顯示了法共中央在伽羅迪與阿圖色圍繞人道主義問題而進行的論戰中左袒伽羅迪的基本態度。

三、阿圖色的600名追隨者被開除出法國共產黨

阿圖色在六〇年代中期，曾指導和幫助他在黨內的600名追隨者建立學習小組。這個學習小組開始時政治成分十分複雜，其中既有嚴格的馬克思列寧主義者，也有受其他各種左派思想影響的人，但他們一致贊成在以下四個方面進行統一合作：一是承認理論工作和訓練的重要性，包括系統地研究馬克思列寧主義基本著作的重要性；二是對法共黨內缺乏理論工作持批判態度；三是共同反對法國共產主義組織中的「折衷主義、人道主義和修正主義的意識形態」；四是接受辯證唯物主義的某些觀點和《資本論》中的概念。

在1965年秋，這個學習小組創辦了名為《馬列主義手冊》的刊物，這個刊物對當時中國和其他地方的革命動亂表現了濃厚的興趣，並立即吸引了左派團體內的廣大讀者群。在1965–1968年間，這個刊物有3期對中國的「文化大革命」進行了系統分析，據說大都出自阿圖色本人的手筆。在羅伯特‧林哈爾特(R. Linhart)的具體領導

下，阿圖色的這些追隨者在《馬列主義手冊》上歌頌中國的「文化大革命」的同時，又抨擊法共中央的意識形態路線，繼而又在組織上，從內部接管法國共產黨的大學生組織「法國共產主義大學生聯盟」的領導，法共中央當即把阿圖色的這 600 名追隨者開除出黨，對此阿圖色保持沈默。

於是，這些被法共開除的人，就在黨外組織了一個名為「共產主義青年同盟」❷的「毛派」組織活躍在左派群眾中間。他們在學校組織政治和理論研究團體，第一批支援越南人民反美抗戰的「越南委員會」，大多數也是由他們組建的。

在爆發「五月風暴」前，這支隊伍就開始大大發展起來，在「五月風暴」爆發以後，先是有一些阿圖色的追隨者參加巴黎大學索邦分校學生占領學校的活動，以後又到工廠中去創建學生和工人的統一運動。後來，在《未來延續了一個漫長的時間》這一死後發表的遺著中，阿圖色說，羅伯特‧林哈爾特在組織上從內部接管「法國共產主義大學生聯盟」時，沒有得到他的同意；而在以後他們去工廠創建學生和工人的統一運動時，則是林哈爾特等人的「根本錯誤」，因為「這是黨的鬥士的任務」，所以，其結果是「除少數例外，工人沒有去，因為擁有唯一權威的黨沒有號召他們這樣做」。

四、阿圖色對「五月風暴」的態度

六○年代末期，在發達資本主義社會的許多國家裡，如德國和美國，相繼發生了震盪社會的學潮和工潮，而其中尤以法國在1968年5-6月間發生的風潮即「五月風暴」，其規模和影響最大，對世界的震撼也最大。

----

❷　馬克思列寧主義。

早在1968年3月22日，法國巴黎大學農泰爾分校就出現把鬥爭矛頭指向教育制度的學生運動。5月初，鬥爭蔓延到其他大學，由於警察企圖逮捕學生，導致雙方動武，事態迅速擴大，整個巴黎成為戰場。警察動用警棍、水炮和催淚瓦斯，而學生則用飛石子、燒卡車來回擊，有些學生還占領學校、構築街壘。5月12日，工人走上街頭聲援學生。5月13日，學生和工人舉行聯合總罷工、總罷課，在巴黎廣場爆發了二十萬人的大示威，同時，從南特飛機工廠開始，工人還占領工廠。到5月22日，罷工工人增加到1千萬，從汽車工人到商人、海員、從殯儀館到天氣預報，所有工人統統罷工，而且在罷工以後還不是回家去或設置糾察線，而是占領和控制勞動場所，扣留經理等資方人員。頓時，法國供油中斷，郵政和電話不通，垃圾成堆，銀行、商號、電影院全部關門，商品生產停止，海陸空交通統統停頓，日常生活的例行公事全被打亂，法國陷於癱瘓之中。

正在國外訪問的戴高樂 (C. de Gaulle, 1890–1970) 總統匆忙趕回巴黎，發表電視講話，允諾起草改革計劃，呼籲恢復秩序，但回答他的卻仍然是騷亂和抗議之夜。於是，法國政府就調集了數萬名憲兵和警察，把坦克和傘兵部隊開到巴黎近郊，對工人和學生進行鎮壓，而學生和工人則設路障和街壘同他們進行巷戰，並襲擊法國參議院和股票交易所。到了5月末，內戰、政變、革命已經迫在眉睫，左翼聯盟的領袖甚至已把組織左派的臨時政府提上了議事日程。只是由於在「五月風暴」中成為主力的新左派並沒有統一的領導，也沒有成熟的革命組織，還沒有關於未來的明確目標和戰略，因而當一場勝利的社會主義革命似乎即將來臨時，卻失之交臂，而沒有利用形勢去奪取政權，致使戴高樂能夠用一手將工人的最低工資提高35％和允諾進行教育改革，另一手組織百萬人上街「為總統進軍」，

同時由戴高樂到電視臺去發表一篇猛烈的反共講演，而瓦解了新左派的隊伍。

由於這次學潮主要是由具有資產階級家庭背景的農泰爾大學學生開始鬧起來的，所以，法國共產黨從一開始就對它持消極、否定的態度，認為在1968年5月並沒有什麼革命形勢，小資產階級學生只是在煽動一場內戰罷了。在事件發生以後，法共《人道報》迅速斥責這些學生是「冒險分子」，認為這些學生的活動對於推翻資本主義來說是必定不會有什麼結果的，因為他們都有著資產階級的雙親，所以他們的活動不可能是革命的。在政治上受法共領導的法國總工會，也認為這個事件是戴高樂想把工人從其先鋒隊組織中分裂出去的陰謀，而學生則由於其不負責任而釀成了一種有利於資本主義的形勢，為此，它極力防止工人和學生聯合起來，也不願為工人控制工廠而鬥爭，企圖使工人局限在不向企業中資產階級權威提出挑戰的傳統要求之中。

阿圖色和他的許多深深捲入以「五月風暴」為頂峰的政治激進主義的學生相反，他先是對「五月風暴」採取聾啞式沈默的態度，像是從舞臺上消失了；而當著被他的著作喚起政治激情，受他對革命的解釋的影響、積極投身於「五月風暴」的新左派學生，渴望其導師的具體指導時，阿圖色卻退到療養院去了。接著，在風暴過去、秩序恢復以後，阿圖色又在1969年6月出版的法共中央機關刊物《思想》雜誌上發表文章，站在法共一邊，調解黨和學生的關係。雖然他同意把「左派幼稚病」的概念應用於學生，但又認為他們比其右翼對應物較少值得詛咒；他抨擊激進學生的「無政府主義－自由主義意識形態」，但又認為學生的作用，他們在這一「自抵抗運動和對納粹勝利以來西方歷史中最重大事件」中的作用，是進步的。總

之，阿圖色在「五月風暴」中的態度是曖昧的，又是存在著矛盾的。

　　據阿圖色的同學約翰遜說，對於「五月風暴」，阿圖色的態度和他的伴侶埃琳娜不一樣。有一段時間，阿圖色支持共產黨的官方立場，認為這種形勢不是革命形勢。他對約翰遜說，巴黎不是法國，在「五月風暴」中，一個共產主義知識分子拒不衝向巴黎，而寧願待在普瓦提埃是對的。只是在後來當他對黨失望時，才改變想法，並譴責黨的遲鈍，好像他把1968年看成是革命的最後機會似的。

　　在《未來延續了一個漫長的時間》這部死後發表的遺著中，阿圖色對法共當時的政策提出了尖銳的批評。阿圖色說，要是黨不是徹底地不相信學生群眾的「左派」造反，而是抓住機會，盡其力量和組織地去發動和支持一場不止有工人階級而且有大部分小資產階級的強大群眾運動，那麼，就會有力量開闢奪權和革命政治的道路。雖然可能只在有 600 萬居民的首都巴黎造成一場革命，而國家卻有超過6千萬的人口。然而，在1968年5-6月間，許多工廠中的許多工人都認為革命是可能的，他們期盼著它，等待黨發出命令，但黨全然沒有把握住所發生的事情，也被據稱由左派控制的群眾運動所嚇怕，黨甚至去組織分開的進軍，而且還迫使總工會坐下來，以協商出一個和平的經濟解決辦法，從而組織了這場群眾運動的失敗。黨還拒絕同夏萊蒂廣場上的左翼聯盟領袖孟戴斯‧法朗士 (P. Mendes-France)的一切接觸。實際上，在那時，戴高樂政權已經消失，部長們已經拋開了他們的部，資產階級也已離城，或者帶了錢出國去了。總之，出於對群眾的害怕和對失去控制的害怕❸，黨盡其所能地破壞了群眾運動，並把它導入簡單的經濟協議的渠道。同時，作為其全球戰略的一部分，蘇聯也寧願要戴高樂所代表的保

---

❸　這又反映了對於組織和群眾運動相比較的首要性的迷戀。

守的安全，而不要群眾革命運動不可預告的本質。蘇聯害怕這種革命運動會有助於美國把它當作政治乃至軍事干預的藉口，而這是蘇聯所不能挑起的威脅。

在這裡，阿圖色顯然是在反響著他的伴侶埃琳娜所謂「法國共產黨在1968年出賣了工人階級」的說法。

五、阿圖色對法共22大的態度

1976年，法國共產黨在第22次全國代表大會上，提出了具有法國色彩的社會主義的民主道路，即和平的、民主的、多數人的多元化道路，並否定了無產階級專政這一概念本身對現代法國的恰當性。它把無產階級專政解釋成由一個階級實行的少數人的統治，解釋成為強制取消多黨制和限制政治自由；它認為，雖然無產階級在爭取法國社會主義改造的鬥爭中起過先鋒作用，但它並不代表所有的勞動者，所以無產階級專政的口號會限制把人民大多數團結在它周圍的可能性：「無產階級專政不能揭示我們政策的現實性，我們向國家提供的東西的現實性。」

對於法共22大通過的這個決定，阿圖色在1976年12月16日發表了一個講話，中間經過1977年5月6日的修改，公開發表在1977年7-8月號的英國《新左派評論》雜誌上，表示自己的保留意見。阿圖色在這篇講話的一開頭就說，他認為這次代表大會在共產黨和法國工人運動史上是一個決定性事件、一個關鍵性的轉折點；對於他對這次大會在任何特殊問題上表述的保留，應當在這個背景中去看。

為什麼說法共22大是共產黨和法國工人運動史的決定性事件、關鍵性轉折點？

阿圖色說，那是因為它在社會主義的名義下第一次觸及法國階

級鬥爭的直接歷史，肯定過渡到社會主義將是民主的，肯定法國的
社會主義將是民主的。同時，世界舞臺上力量的新的平衡，提出了
一個前所未有的配景：在某些地方，在歷史上第一次出現了和平地
民主地過渡到社會主義的可能性。

　　對於法共22大認為無產階級專政不符合法國的道路和目標，決
定不再用這個提法，阿圖色又是怎麼看的、採取什麼態度？對此，
阿圖色採取了多層次的分析法來表述其觀點：

　　第一層意思，阿圖色說，他認為法共22大決定不再用「無產階
級專政」這個提法，在事實上，它是說，在希特勒 (A. Hitler,
1889–1945)、墨索里尼 (B. Mussolini, 1883–1945)、佛朗哥 (F.
Franco, 1892–1975) 等等之後，專政此字已變得不可容忍的了；它
是說，無產階級，工人階級的硬核心，對於人們所需要的廣泛的人
民聯盟來說，是一個過於狹窄的觀念。關於工人階級（或無產階級）
處在廣泛的人民聯盟之首、是為它的階級鬥爭所不可缺少的和至關
重要的觀念，是從馬克思、列寧直接傳下來的，法共22大說工人階
級在一個廣泛的人民聯盟中的「領導作用」時，只是在複述一個經
典命題罷了。所以，在這點上，沒有什麼嚴重問題。

　　第二層意思，阿圖色認為，法共22大對於這個問題的處置是不
完全的，特別是在22大的配景中，它缺乏某種非常重要的東西。因
為它提供來說明「專政」此字是不可容忍的例證包括希特勒、墨索
里尼、佛朗哥、皮諾契特(Benochet)等等，卻忘記提史達林，不是
史達林個人，而是蘇聯黨和國家的結構和混淆，在40年內史達林不
僅加諸於蘇聯、而且加諸於全世界共產黨的路線、理論和實踐。工
人們曾把自己解放和自由的一切希望寄託於蘇聯社會主義，他們在
這裡期待著某種完全不同於曾在三〇年代在史達林支配下發生的大

量恐怖和滅絕的政權的東西，期待著某種完全不同於在革命後的
60年中和在史達林死後22年中堅持實踐的東西。的確，在蘇聯社會
主義中，有紅軍、共產黨人和史達林格勒，這些是不可忘記的；但
是，也有莫斯科審判、自白、大屠殺和集中營，還有倖存的東西。

　　第三層意思，阿圖色認為，法共22大在拋棄「無產階級專政」
的提法時，只說「專政＝希特勒＋墨索里尼」，而沒有說「專政＝
史達林主義」，實際上它是在說「我們不再需要蘇聯那種社會主義」。
在這裡，法共22大是一石殺二鳥：它在採取一種民主社會主義（一
種不同的社會主義）的新戰略時，也在對國際共產主義運動（同蘇
聯）的關係的決定性方面採取了一種新的立場。從這個視角來看，
拋棄無產階級專政具有一個象徵性動作的作用，使它有可能打破某
種過去。雖在字句上含糊，卻打開了一種不同於在蘇聯占支配地位
的社會主義的道路。

　　第四層意思，阿圖色指出，為了「拋棄」一個理論概念，不能
全由這個概念本身單獨來思考，而要同一組其他概念聯結在一起來
思考，而這就不能是一項政治決定的對象。阿圖色強調說，無產階
級專政是不能被拋棄的，當談到國家和社會主義時，它將被重新發
現。

　　阿圖色認為，無產階級專政作為一個階級的統治而言，是不能
被僅僅歸結為它的政治形式的，它同時也是在生產中、在意識形態
中的階級統治，正是這個被馬克思和列寧稱作無產階級專政的新型
的階級統治，將消滅被馬克思和列寧稱作資產階級專政的資產階級
的階級統治，它將通過「打碎」只是資產階級統治（專政）狀態的
資產階級國家機器或使之革命化的辦法，來逐漸改變資產階級的剝
削形式，以及資產階級的政治和意識形態的統治形式。

阿圖色指出，對於馬克思和列寧來說，社會主義同無產階級專政是同一個東西，即同一種新的階級統治。在其中，工人階級對其在盡可能廣泛的人民民主中的盟友實現領導作用，同時又回答雖已被從國家政權中逐出但仍有力的資產階級。對於國家政權的奪取，如果國內和國際力量的平衡容許的話，可以採取合法的與和平的手段，但人們卻會感覺到無產階級專政的不可避免的效果。因為事情正如馬克思和列寧反覆指出的，作為資產階級階級統治工具的資產階級國家是必須加以「打碎」的，而與此相對應的新的革命國家則在以後逐漸消亡。

阿圖色強調，「摧毀」資產階級國家用工人階級及其同盟的國家去代替它，這並不是用「民主的」形容詞加之於每個現存的國家機器，它是某種完全不同於改良主義的動作。這是在其結構、實踐和意識形態上，使現存國家機器革命化；刪除其某一些；創造其某一些；改變鎮壓性國家機器和意識形態國家機器之間的分工形式；使它們的工作方法和支配其實踐的資產階級意識形態革命化；在新的無產階級意識形態的基礎上保證它們同群眾的新關係，以便為將來的國家消亡作準備。

阿圖色認為，這個要件是馬克思主義理論的組成部分，因為國家機器並不是中立的工具，而是統治階級的真正意義上的鎮壓的和意識形態的機器，為了保證工人階級及其聯盟的統治和在將來國家的消亡，就不可避免地要攻擊現存國家機器，這就是對國家的「摧毀」。沒有這種摧毀，新的統治階級就有可能在勝利中被擊敗，或不得不踏步不前，放棄過渡到共產主義的任何認真的展望。所以，拋棄無產階級專政的提法有明顯的政治理由，卻沒有認真的理論理由。

阿圖色的學生巴利巴爾發表了同樣的看法。他把無產階級專政

看作是馬克思主義的根本原則，根據他的信念，把「法國人民聯盟」
作為出發點的原則，需要有更深刻的論證，還要考慮到反革命的潛
在危險，甚至在向社會主義建設最「和平地」過渡時反革命的威脅
也絲毫沒有消失。

六、阿圖色的自我批評和自我辯解

　　就政治意向來說，阿圖色提出「理論實踐」論的本意，是要求
把理論同政治區分開來，重新堅持共產黨內知識分子對於政客統治
在理論上的自主性，也就是他在哲學上的對立面薩特從1946年以來
所鼓吹的同一個原則。對此，法共領導認為阿圖色的這種說法，割
裂了馬克思主義理論同工人運動實踐的聯繫，因而法共中央總書記
羅歇公開抨擊說：「阿圖色同志解釋說，一個理論要成為科學的，
必須受到像數學演算中所用的那種純粹內部標準的檢驗，以致要超
越一切意識形態。按照這種觀點，似乎馬克思主義理論必須由那些
受過很好的抽象理論訓練的，但與社會實踐沒有任何客觀聯繫的哲
學專家來制定和發展。」❹對此，阿圖色起初企圖聲稱政治實踐在政
治方面不受理論實踐的批評，企圖以此來保存理論實踐的自主性，
但法共領導不予接受，只是在阿圖色承認自己陷入了「理論主義傾
向」，承認未能討論「理論和實踐的統一」時，這場思想衝突才告
一段落。

　　此後，從1967年開始，阿圖色開始對他在《保衛馬克思》和
《讀解「資本論」》兩書中表述的結構主義馬克思主義的一些觀點進
行自我批評和修正。

　　阿圖色的自我批評主要是圍繞著兩個問題來展開的：

----

❹　羅歇：《馬克思主義和未來的道路》，巴黎1966年版，第20頁。

第一個問題，是所謂理論實踐以及哲學是理論實踐的問題。在《保衛馬克思》和《讀解「資本論」》兩書中，阿圖色曾經說過，在馬克思那裡，理論如同經濟實踐、政治實踐那樣，也是一種實踐——理論實踐，哲學就是一種理論實踐。阿圖色的這個觀點在遭到羅歇的批評後，他從《讀解「資本論」》的意大利文版前言開始，一再進行了自我批評。

在《讀解「資本論」》一書的意大利文版前言中，阿圖色進行自我批評說，關於哲學是理論實踐的理論的定義是片面的，因而是不準確的。在這個場合，這不僅是一個術語上的模稜兩可的問題，而且是概念本身的錯誤的問題。因而，用一種片面的方式把哲學定義為理論實踐的理論（從而定義為各種實踐之間的差別的理論），是一種沒有幫助而只能導致或者「思辨的」或者「實證主義的」理論後果的回聲的表述。

在1967年10月為《保衛馬克思》一書的英文版所寫〈致我的英語讀者〉的導言性意見中，阿圖色再次進行自我批評說，在《保衛馬克思》和《讀解「資本論」》中，如果確實強調了理論對於革命實踐的極端重要性，並從而譴責了一切形式的經驗主義的話，那麼，卻並未論述在馬克思列寧主義傳統中具有主要作用的「理論和實踐的統一」的問題。這些著作無疑地在「理論實踐」的範圍內談到了理論和實踐的統一，但卻沒有在政治實踐的範圍內論述理論和實踐的統一，更精確地說，是沒有考察這個統一的歷史存在的一般形式，即馬克思主義理論和個人運動的結合，沒有考察這種結合的具體存在形式❺，沒有明確指出馬克思主義理論在這些具體存在形式中所

---

❺ 工會、政黨等階級鬥爭的組織，以及這些組織所採取的指導階級鬥爭的方法和手段等等。

處地位、所具功能和所起作用，以及馬克思主義理論在何處和如何影響政治實踐的發展，政治實踐又在何處和如何影響馬克思主義理論的發展。他說，關於哲學是理論實踐的理論的定義，也使得把哲學從和科學區分開來的、有巨大重要性的區別模糊起來，因為它沒有說明和科學相區別的嚴格意義上的哲學是什麼，沒有說明每一種哲學同政治之間的有機聯繫，沒有充分清楚地說明，在這方面，馬克思主義哲學同以往哲學的區別到底在什麼地方。

在1968年發表的答意大利共產黨《團結報》記者間的「哲學是革命的武器」中，阿圖色又一次進行自我批評說，把馬克思主義哲學規定為「理論實踐的理論」的定義，僅僅把哲學和科學聯繫起來而沒有把哲學和政治實踐聯繫起來。現在，阿圖色給哲學下了一個新定義，說哲學是「理論中的階級鬥爭」，馬克思主義哲學是無產階級立場在為獲得科學知識的鬥爭中的體現，這種哲學定義具有雙重關係，它不僅體現了理論中的階級鬥爭，而且體現了政治中的科學。

在1969年發表的《列寧和哲學》、1974年再版的《哲學和學者的自發哲學》等著作中，阿圖色又進一步闡述了他關於馬克思主義哲學的這個新的定義，說辯證唯物主義是「政治的－理論的干涉」。而在《答約翰·劉易士》和《自我批評論文集》兩書中，阿圖色又進一步補充和修改了這一定義，他說，「哲學歸根到底是理論領域中的階級鬥爭」，「哲學歸根到底是政治的縮影」，「搞哲學實際上就是在理論領域中搞政治」。在《保衛馬克思》一書1977年英文版中，阿圖色又把他的這個新的哲學定義概述為三點：一是哲學代表理論領域中的階級鬥爭，因而哲學既不是一門科學，也不是一種純理論，而是理論領域中干預的一種政治實踐；二是哲學代表理論實踐中的科學性，因而哲學並不是政治實踐，而是在政治領域中干預的一種

理論實踐；三是哲學是一種獨創的實例❻，它代表著以一種特殊干預❼形式出現的，與另一種實例並列的一種實例。

第二個問題，是與此相關的「認識論上的斷裂」問題。在《答約翰・劉易士》一書中，首先對於把「認識論上的❽斷裂」與馬克思的哲學革命等同起來一事進行自我批評，說自己沒有把馬克思的哲學革命同「認識論上的斷裂」區分開來，這是一個錯誤，是理論主義的❾偏向的一個例子，因為在實際上，馬克思的哲學革命先於馬克思的「認識論上的斷裂」，它使得這種斷裂成為可能。如把馬克思的政治演變與他的哲學演變加以比較，就可以看到，他的哲學演變是建立在他的政治演變之上的；他的科學發現❿是建立在他的哲學演變的基礎上的。

在《自我批評論文集》一書中，阿圖色對他在「認識論上的斷裂」問題上的觀點做進一步的自我批評。他說，除非跟資產階級意識形態作徹底的和持續的決裂，並同這一意識形態的攻擊進行堅持不懈的鬥爭，否則馬克思主義就不能在馬克思的思想中和工人運動中發展起來，但是《保衛馬克思》、《讀解「資本論」》兩書卻並沒有在社會、政治、意識形態等所有領域解釋這一歷史事實，而只是把它歸結為一個簡單的理論事實，即在馬克思1845年後的著作中可以看到的認識論上的斷裂，結果就陷入了對「斷裂」的理性主義解釋中，按照把科學和意識形態之間進行思辨上的區分的方式，按照

---

❻　不同於科學和政治實例。

❼　政治的—理論的。

❽　即科學的。

❾　思辨理性主義的。

❿　「斷裂」。

簡單的和一般的方式，把真理和謬誤對立了起來，而馬克思主義和資產階級意識形態的對立，則變成只是這種對立的一個特例，由於這種歸結和解釋，階級鬥爭便從思辨理性主義的這個舞臺上實際消失了。

現在，阿圖色覺得，在馬克思恩格斯的《德意志意識形態》中，意識形態扮演著兩種不同的角色：一方面，它是指諸如幻覺、謬誤等現象的哲學範疇；另一方面，它又是指上層建築形態的科學概念。可是，《保衛馬克思》和《讀解「資本論」》卻在真理和謬誤對立的理性主義背景中使用意識形態概念，把意識形態歸結為謬誤，把謬誤稱為意識形態。從而賦予這整個理性主義遊戲以一種虛假的面貌，而不能說明這一斷裂的基礎是什麼。反之，在馬克思那裡，卻只能夠跟整個資產階級的意識形態斷裂，因為他是從無產階級的整個觀念裡、從這一意識形態變成現實的無產階級首次的階級鬥爭取得靈感的。這樣，在《保衛馬克思》和《讀解「資本論」》中，實際上就把馬克思主義和資產階級哲學之間的斷裂歸結為「認識論上的斷裂」，把馬克思主義和資產階級哲學的對立歸結為科學同意識形態之間的對立。然而，馬克思主義的科學和馬克思主義意識形態史前時期之間的理論上的斷裂，卻並不是一般的科學和意識形態之間的一種理論上的斷裂，而是馬克思主義科學和它自己的意識形態史前時期之間的理論上的斷裂，這種斷裂告訴我們的是跟科學同意識形態之間差異的理論、跟認識論完全不同的東西。它一方面告訴人們一種關於國家和意識形態出現在其中的上層建築理論，另一方面告訴人們關於知識生產過程的物質（生產）、社會（分工、階級鬥爭）、意識形態和哲學條件的理論。這兩種理論歸根到底都是以歷史唯物主義為基礎的。

　　阿圖色在做自我批評的同時，又作了一些自我辯解。如前所說，阿圖色進行理論干預的產物，便是首創了結構主義馬克思主義。但是，由於種種原因，他卻再三否認自己是一個「結構主義者」。

　　阿圖色說，儘管我們採取了把我們自己同結構主義的意識形態區別開來的預防措施，儘管有同結構主義不相干的範疇的決定性插入，我們所使用的術語在許多方面都過於接近結構主義的術語了，因而必不可免地產生模棱兩可的解釋。然而，儘管一般都按照時髦的式樣，把我們對馬克思主義的解釋看作和判斷作結構主義，但我們文章的深刻傾向卻並不隸屬於結構主義的意識形態。阿圖色要求他的讀者檢驗這個說法。

　　後來，阿圖色又連篇累牘地論證他只是具有理論主義傾向，而絕不是一個結構主義者。他回顧他在60年代中期發表的《保衛馬克思》時的情況說，那時，他本來想使用的並不是結構主義的名詞，而是斯賓諾莎的「無因之果」的概念，用它去闡明傳統政治經濟學、生產關係理論、甚至拜物教理論的錯誤，並用「結構的因果性」一詞去宣布某個新範疇，這個範疇本來是馬克思的重大理論發現，但在馬克思主義傳統中卻被稱作「唯物主義的辯證因果性」。

　　在談到《讀解「資本論」》一書時，阿圖色說，該書的某些段落都沒有始終能夠說得恰到好處，同結構主義術語的「調情」肯定超過了所允許的限度，但這並不等於就是結構主義。因他覺得自己在該書中畢竟也提出了某些值得深思的錯誤意見。他總是懷疑結構主義怎麼吞得下和消化得了諸如「最後決定」、「主從關係」、「多元決定」這些範疇，但人們顯然為了圖省事，就硬把他說成是結構主義者。至於所謂馬克思主義是一種理論上的反人道主義，那只是恰好與如索緒爾那樣的非馬克思主義者的重要學者及其學派所表現的

某些「結構主義」❶反應「殊途同歸」罷了。

　　經過幾年思考之後，阿圖色再次重申，在自己的早期論文中存在一種主要是理論主義❷的偏向，而與結構主義術語調情，則是這種理論主義的偶然的副產品。阿圖色進行論證說，結構主義獨特的總傾向，是唯理的、機械的、尤其是形式主義的傾向，認為真實是由要素隨意混合而成的產物。所以，結構主義並不是一門完成了的哲學，而是由一些散亂的命題組成的混合體，它只是在特定條件下表現出它的傾向性的範圍。

　　而阿圖色認為，自己從未向荒唐的形式主義唯心主義屈服過。阿圖色還提出了把馬克思主義同結構主義明確地區分開來的三條原則界限：第一，是否認真實是由要素隨意混合而成。馬克思談到過在某種生產方式中的結構的「結合」，　但這種結合不是一種形式的「混合」；　第二，是否用「地位」、「職能」的概念去排斥具體的現實，把真實的人貶低為執行者。馬克思經常使用地位和職能的概念，並用「承受者」的概念代替關係的執行者，但這不是為了排斥具體的現實，不是把真實的人降低到執行者的職能，而是為了抓住職能的概念，使人理解履行職能的方式，並且從這種方式出發使人理解具體的現實；第三，是否把概念限定在它們的有效範圍內。馬克思在使用概念時都把它們限定在確定的範圍內，這些概念都服從於規定著它們有效範圍的另一些概念，即關於過程、矛盾、傾向、限度、為主、為次等概念。阿圖色強調說，馬克思主義之所以不同於結構主義，不僅在於它斷言過程對於結構的優先地位，而且還因為它斷言矛盾對於結構的優先地位。

---

❶　反心理主義、反歷史主義。

❷　即思辨理性主義。

　　然而，法國乃至國際學術界依然把阿圖色視為「結構主義馬克思主義」的主要代表，究其原因，主要有以下幾項：

　　一是阿圖色堅持結構主義的「主體移心」論(decentralization of subject)。

　　在1966年，法國結構主義者拉康發表了《手稿》一書，在此之前的1965年，阿圖色發表了《保衛馬克思》和《讀解「資本論」》，而在此之後的1967年，法國結構主義者德立達出版了他的三部主要著作。這些著作全都有著否認主體和人在認識論上的首要性，全都有著這個意義上的反人道主義的共同傾向，全都在某種程度上受索緒爾的影響。正是在這個意義上，人們認為這些著作代表了一個新的結構主義學派。

　　索緒爾所發動的「語言革命」的本質特徵之一，就在於把主體歸結為一種非人結構的從屬性代理人的狀態。正是在這個意義上，而不是在別的意義上，拉康、列維－斯特勞斯、傅科、巴爾特、克里絲特娃、阿圖色等人的不同著作，才違反他們中許多人的意願，被稱作是結構主義的作品，因為儘管他們的著作具有許多細微的差異，但他們卻全都同意「主體移心」這種認為主體的降級可以適用於集體、個人的根本觀點。阿圖色的著作所以也被列入這個範圍，根本原因在於，他的理論體系通過把索緒爾發軔的「語言革命」的許多主題融合進了馬克思主義，對這種語言革命提出的挑戰作出反應，而在這些反應中，首先就是「主體移心」。

　　二是阿圖色信奉結構主義的語言觀。

　　這裡的一個關鍵問題在於阿圖色同上述這些結構主義者共有的語言觀，是一種和現實分割開來的自主過程的語言觀❸，以及組

----

❸　能指的「飄浮」，所指在能指下面的「流逝」，不存在任何先於話語的

織主體同時又炸裂主體，把主體歸結為這個過程的一個從屬的代理人，而不是作為意義的自主源泉。

三是阿圖色高度重視無意識結構。

人們指出，儘管阿圖色多次否認他是結構主義者，但他肯定像列維－斯特勞斯和傅科那樣，是重視無意識結構的，他把拉康的「鏡像階段」的概念提出來，作為可以用來改變人的意識的革命手段，他的重新讀解馬克思，至少在表達方面可以和拉康的重新讀解弗洛伊德相比美，而他的文學批評，如《皮科洛劇院：貝爾多拉西和布萊希特》，雖然是探求馬克思主義的主體，卻使用了巴爾特的手法。人們指出，阿圖色力圖把巴爾特、列維－斯特勞斯、克里絲特娃、伊里加雷、梅茨在語言、符號、結構主義、精神分析等領域的最重要進展吸收過來，用馬克思主義加以改造後把它們再移植到馬克思主義論題中去，在馬克思主義和它們之間建立橋梁，也給馬克思主義提供自己用以理解意識形態的潛能解放出來的成分。

據此，人們認為，阿圖色同其他結構主義者具有深刻的思想傾向和理論框架的共同性，而絕不只是同結構主義術語調情的問題。阿圖色說自己「恰好同結構主義反應殊途同歸」， 但問題的關鍵在於，要不是在思想傾向上有深刻的共同性，他又怎麼會在上述一系列事關結構主義區別於其他哲學流派的主要標誌上，同其他結構主義者「殊途同歸」呢?!

正因為這樣，阿圖色的學生都坦率地承認他們的老師難以同結構主義的理論框架徹底決裂，甚至承認阿圖色是結構主義的主要代表之一。

例如，阿圖色的學生之一普蘭查斯(N. Poulantzas, 1936–1979)

「先驗所指」。

說：「在阿圖色身上，在我們其他人身上，以及我們在其中工作的
理論界，都有結構主義的某些殘餘，用結構主義反對歷史循環論，
用列維－斯特勞斯反對薩特，對於我們來說，同這兩個理論框架徹
底決裂是極端困難的。」阿圖色的另一位學生巴利巴爾在1993年出
版的《馬克思的哲學》一書中，回顧《保衛馬克思》和《讀解「資
本論」》兩書發表以後的情況說，這些著作在六〇年代和七〇年代的
哲學辯論中占據中心地位。那時，阿圖色同列維－斯特勞斯、拉康、
傅科和巴爾特相並列，是「結構主義的最主要人物」。英國學者潘
登(T. Benton)在1984年倫敦出版的《結構主義馬克思主義的興衰
──阿圖色及其影響》一書中也指出，在理論上，阿圖色雖未公然
地把自己列入結構主義流派，但他在建立自己的「正統」馬克思主
義的時候，顯然沿用了列維－斯特勞斯等法國結構主義作家的一些
論點，而且還在重新評價馬克思主義思想中的基本概念的過程中，
推動了有關文藝批評、文化社會學、政治經濟學、人類學、政治理
論和城市社會學等學科的一系列結構主義馬克思主義分析。

第六章　結構主義馬克思主義的衰落

　　以阿圖色為首要代表的結構主義馬克思主義學派，崛起於六〇年代中期，經過了10多年的興盛時期以後，在七〇年代後期逐漸衰落和趨於解體。那麼，結構主義馬克思主義學派陷於衰落解體的背景和原因是什麼？這種衰落和解體的標誌又是什麼？

一、結構主義馬克思主義衰落的政治背景

　　如果說，阿圖色進行「理論干預」、結構主義馬克思主義崛起的背景，在政治上是蘇共20大全盤否定史達林所引發的馬克思主義人道主義化的話，那麼，以阿圖色為首要代表的結構主義馬克思主義學派的衰落解體在政治上的背景首先是中國的「文化大革命」的結束。

　　由於阿圖色「理論干預」的矛頭是指向蘇共20大所引發的國際共產主義運動的嚴重局勢的，因而在國際共產主義運動內部的激烈鬥爭中，他就不可避免地要站在同赫魯雪夫進行論戰的中國一邊、毛澤東一邊，特別在1966年中國爆發「文化大革命」以後，阿圖色更把這場「文化大革命」當作「社會主義的真正的活的參照物」，從中吸取靈感、獲得力量，他還常以此為例證去展開他的觀點。因此，當中國人民在1976年10月粉碎江青反革命集團，結束「文化大革命」

時，阿圖色就感到無法理解。卡林尼科斯(A. Callingnicos)寫道：「對中國人的幻滅，尤其是在毛澤東逝世以後和四人幫的覆滅，必須肯定是阿圖色宣布馬克思主義的危機後面的因素之一。」❶

的確，1966–1976年發生在中國的「文化大革命」，是以「革命」的名義進行的，也採取了似乎非常革命的手段，但在實際上，卻是一種在錯誤理論指導下進行的錯誤實踐，它既不是政治革命也不是文化革命、思想革命，它沒有也絕不可能帶來任何的社會進步。

這是因為在1949年全國勝利以後，政權已經掌握在工人階級和廣大人民手裡，勞動人民已經成為國家主人。特別在1956年基本完成對生產資料私有制的社會主義改造以後，社會主義制度已經基本上建立起來，從政治和經濟制度兩個方面來說，都不存在要進行一個階級推翻另一個階級的革命的現實基礎。那麼，「文化大革命」不是對揭露和消除社會主義社會的陰暗面，對衝擊官僚主義可以發揮積極作用的嗎？這種說法是不對的。因為這些所謂陰暗面、官僚主義等消極現象，產生的原因十分複雜，又具有不同的性質和情況，對此，不僅必須實事求是地進行具體分析，而且必須在憲法、法律和黨章規定的範圍內採取正確措施加以解決。社會主義制度完全能夠通過自身的力量不斷地解決這些問題，而不需要也不應該再搞什麼「一個階級推翻另一個階級的政治大革命」。

對此，列寧曾經作過全面的論述。他指出，馬克思主義明確劃分了改良(reform)和革命(revolution)之間的原則界限，認為忘記了或者模糊了改良和革命之間的界限就會經常在一切歷史問題的推斷上犯最嚴重的錯誤；但是，馬克思主義又認為，革命和改良之間的這種對立，並不是絕對的，它們之間的界限並不是一條死的界限，

❶ 卡林尼科斯：《馬克思主義有未來嗎?》香港1982年版，第78頁。

而是一條活的可以變動的界限，它要求無產階級的政黨善於在每一
個具體場合確定這條界限。列寧強調指出，對於一個真正的革命家
來說，最大的危險，甚至也是唯一的危險，就是誇大革命性，忘記
適當地和順利地運用革命方法的限度和條件，真正的革命家如果一
開始就大書特書革命二字，把革命奉為一種神通廣大的東西，喪失
理智，不能最冷靜、最清醒地考慮、權衡和檢查一下究竟應該在什
麼時候、什麼環境、什麼場合轉而採取改良主義的行動，那他們就
容易為此而碰得頭破血流。列寧認為，無產階級在一個國家取得勝
利以後，在改良和革命的關係中就出現了某種新東西。在原則上說，
情況還和以前一樣，但在形式上發生了變化，這種變化主要表現在：
無產階級取得勝利以前，改良是革命的階級鬥爭的副產品；取得勝
利以後，改良在國際範圍內仍是一種副產品，但對於取得勝利的國
家來說，改良又是必要的和合理的，而不應無限地誇大革命的適用
性。

　　而中國「文化大革命」的悲劇，恰恰在於領導者無限地誇大了
革命性，而忘記了運用革命方法的限度和條件，把黨和國家的各級
領導骨幹誤認為是「黨內走資本主義道路的當權派」、「黨內資產階
級」，把實際上已經成為工人階級一部分的、有才能有成就的知識
分子誤認為是「資產階級反動學術權威」，統統列為革命對象。

　　總之，中國的「文化大革命」是一場由領導者錯誤發動、被林
彪、江青反革命集團所利用，給黨、國家和各族人民帶來嚴重災難
的內亂。這場「文化大革命」以「四人幫」的被粉碎而宣告結束，
中國走上撥亂反正的道路，是客觀的必然，也是歷史發展的必由之
路。而阿圖色卻不明真相，先是把這場動亂當作「社會主義的真正
的活的參照物」，繼而又在這場動亂的結束所引發的、他的政治憂

鬱症的支配下，把它看作是「馬克思主義危機」的表現。

引發結構主義馬克思主義衰落另一個政治因素，是原蘇聯不同政見分子索忍尼辛(A. Soljenitsyne, 1918–)發表《古拉格群島》一書及其對西方一些新左派的影響。

這本書不是一本就嚴格的歷史事實進行科學分析的書，而是作者根據他本人在蘇聯被囚禁的經歷，根據他和許多以前被囚禁過的人談話中所了解來的情況，包括一些出版物在內的文獻材料，寫成的若干有關在蘇聯逮捕、訊問、審判、判決和監禁的故事和傳說。作者用他所描述的每一個這樣的故事和傳說來說明蘇聯存在著恐怖和不公正。

由於索忍尼辛在敘述這些有關恐怖和不公正的故事和傳說的同時，又強調說蘇聯的這種種把恐怖加以制度化的情況，是和十月革命的後果直接聯繫在一起的，因而《古拉格群島》一書就在西方引起了轟動。

索忍尼辛把恐怖的根源追溯到列寧。他說，那是因為列寧早在1917年就說過必須建立嚴格的革命秩序，必須鎮壓無政府主義(anarchism)和反革命(counterrevolution)；特別是列寧說過，必須發展「統計和監督的實際形式和方法」，以便「清除俄國土地上的一切寄生蟲」。索忍尼辛說，列寧在這裡不僅指一切階級敵人，而且指不積極的工人，以及懶散的與歇斯底里的知識分子。在實際上，它包括農村、鐵路、工會、教師、知識分子中許許多多被認為是「敵視工人階級」的人。在清洗這麼多人的時候，如果要遵循常規的司法程序和法律程序，那是不可能的，因為需要花費無窮無盡的時間，於是，就讓「契卡」❷這個肅反機構把調查、逮捕、訊問、公訴、

---

❷ 「契卡」是俄國肅反機構「肅清反革命及怠工特別委員會」的簡稱。

審判和判決的執行結合起來。在這種清洗浪潮中，社會革命黨人，孟什維克分子，無政府主義者，以及一切歸國俄僑，對蘇聯制度持批判態度的學者，在糧食徵集中和國家相爭的農民，一切在政治上遭懷疑的人，都被橫掃進了集中營。而且清洗❸過程還從逮捕、監禁、強迫勞動的懲罰擴展到槍斃「寄生蟲」的最終判決。

雖然《古拉格群島》一書所涉及的，主要是史達林時代的情況，並認為史達林是「古拉格群島」的主要建築師，但是，作者又認為，產生這種情況的根源不僅僅是特殊的「個人崇拜」，而且是和蘇聯現行的政治制度聯繫在一起的：「統治者變換了，但古拉格群島還在。而它之所以還在，是因為那個特定的政權要是沒有它就不能生存。要是這個政權解散了古拉格群島，它本身就不再存在了。」❹

索忍尼辛的《古拉格群島》一書被傅科和新哲學家奉為向馬克思主義和社會主義提出挑戰的出發點，同時，嚴重地動搖了西方一些新左派對馬克思主義的信心。

二、結構主義馬克思主義衰落的學術背景

如果說，阿圖色進行理論干預、結構主義馬克思主義崛起的背景，在學術上是法國思想舞臺上的從存在主義到結構主義的思想更迭的話，那麼，結構主義馬克思主義衰落的學術背景，則是法國思想舞臺上從結構主義到後結構主義(post-structuralism)的顛倒。

在六〇年代和七〇年代，在法國結構主義的發展過程中，繁衍出了一種在一些方面同結構主義緊密相連、在另一些方面又同結構主義的主張迥然相異乃至截然相反的思潮，這就是所謂的「後結構

---

❸　史達林時期俄國把敵對分子從黨內、公民隊伍中清除出去的作法。

❹　索忍尼辛：《古拉格群島》第3卷，倫敦1978年版，第494頁。

主義」思潮。所以，人們往往把從結構主義到後結構主義的演變，同從存在主義到結構主義的演變並列，成為戰後法國思想界發生的兩次大的顛倒。在從存在主義到結構主義的顛倒中，人們提出的問題是：主體不是社會力量的產物嗎？難道不能從語言中讀解出意識來嗎？難道不能有一種關於人的形式的或者普遍化的科學？結構主義和歷時性相對立，展示了索緒爾的同時性；和現象學對立，賦予語言以相對於主體來說的特權；以及和解釋學相對立，回到形式的分析和一般。這次大的顛倒，在1955年列維－斯特勞斯發表《悲傷的熱帶》，1965年阿圖色發表《保衛馬克思》，1968年普蘭查斯發表《政治權力和社會階級》時，達到了高潮。

　　但是，在不久之後，甚至可以說，緊接著就在結構主義思潮內部，發生了第二次、即從結構主義到後結構主義的顛倒。雖然這次顛倒具有內部調整的性質，其騷動性較小，但就其影響來說，卻可能導致結構主義的終結。這第二次顛倒，在1967年德立達發表《言語和現象》、《書寫語言學》、《寫作與差異》，1972年德婁澤(G. Deleuze)和居塔里(F. Guattari)發表《反奧狄浦斯：資本主義和精神分裂症》，1973年布爾迪埃(J. Baudrillard)發表《一種實踐理論大綱》時達到高潮。

　　簡單地講，所謂後結構主義，就是結構主義思潮內部的人，自己對結構主義的方法和假定（如索緒爾語言學模式所暗含的假定）提出疑問，用使一個結構主義概念同另一個結構主義概念相對立的辦法，來改造結構主義概念。它旨在理解結構中的非結構的東西，揭示在試圖借助於語言結構去客觀地認識人和社會時產生的難題和悖論，所以，它是和批判、克服結構主義的缺陷，力圖完成結構主義所沒有完成的任務相聯繫的。

後結構主義思潮，在其主要分支德立達的「消解（或解構）哲學」中，集中表現為批判並企圖徹底消解西方形而上學的言語中心主義和語音中心主義傳統，揭露一切文化產品和思想圖式後面的權力語言和語言權力。

概括地說，後結構主義不同於結構主義的特徵在於：

第一，結構主義崇尚理性，後結構主義則致力於批判企圖憑藉對客觀和理性的確信來恢復對世界秩序的認識的西歐形而上學根深蒂固的傳統，特別是以尼采 (F.W. Nietzsche, 1844–1900) 的理論為依據，對構成黑格爾理論的各個形而上學命題進行徹底的批判。

第二，後結構主義試圖恢復被結構主義所忽略了的非理性事物和理論性事物。後結構主義認為，結構主義是被其對思想的「不可動搖的信仰」和「合理安排的諾言」哄騙去酣睡的。後結構主義者就是要把結構主義從這種教條的酣睡中喚醒。

第三，結構主義者嚴格追逐一種邏輯探究，而後結構主義者則不信仰邏輯，並深深地滲透到語言和文學的本質中去。在這裡，由邏輯的線索導致到非邏輯的荒謬的領域。

第四，結構主義者把語言學當作一種模式，並企圖發展會說明文學作品的形式和意義的「文本」，他們精心推敲著理論上的元語言以說明文本的現象；而後結構主義者則懷疑地探究在遵循這樣的設計中產生的自相矛盾，研究這種設計被文本本身所推翻的方式。

第五，結構主義者以同質事物的集合體為結構，而這種結構還是封閉的；反之，後結構主義則重視異質事物，主張將封閉的結構改為開放的結構，通過引進異質事物創造出多層次事物。

第六，後結構主義不再關注事物的普遍結構，而更多的關注各個特殊的文本和閱讀過程，它特別重視異質的存在。在後結構主義

者看來，秩序、和平與富饒取決於文化上的各種差異，而在同一個家族或同一個社會內，人們之間之所以會發生瘋狂的敵對關係、毫無節制的戰爭，這不是因為在它們之間存在差異，而是因為差異的消失。

第七，結構主義者相信系統的知識是可能的，而後結構主義者則主張只知道這種系統知識的不可能性。

第八，結構主義者強調總體性，而後結構主義者則一致地、堅持不懈地敵視和反對總體性。後結構主義者認為，總體性是一種會導致事物停滯、思想僵化的形而上學原則；消解了總體性，有助於差異的撒布，有助於防止社會秩序和思想文化的僵化。

第九，和結構主義所謂文學研究的對象不是個別作品，而是文學系統的結構的說法相反，後結構主義認為文學作品並沒有一個內在的中心或結構，沒有決定作品終極意義的絕對真理，而只是一個「無中心的系統」注釋過程一層層不斷的展開所指成分，而每一層又轉化成一個新的所指即表意系統，因而詮釋過程嚴格地說來是個無窮無盡的過程，而文學作品則像蔥頭那樣，是由許多層（或層次，系統）構成的，裡邊到頭來沒有心，沒有內核，沒有隱蔽，沒有再簡約的本原，唯有無窮盡的包膜，其中包含著的只是它本身表層的統一。

如果說，在六〇年代初期和中期，阿圖色通過用結構主義去解釋、發揮、結合、補充馬克思主義而風靡一時的話，那麼，在七〇年代後期，他卻無力應付在結構主義內部產生的後結構主義的挑戰，因而沒有作出什麼反應。

三、結構主義馬克思主義衰落的主要標誌：阿圖色由呼籲「回到馬克思」、「保衛馬克思」到宣告「馬克思主義的危機」

在六〇年代初期，阿圖色是打著「回到馬克思」、「保衛馬克思」的旗號，對蘇共20大導致的國際共產主義運動中馬克思主義人道主義化思潮廣泛泛濫進行理論干預的，到了七〇年代末期，阿圖色卻一而再、再而三地宣告「馬克思主義的危機」。 阿圖色的這個重大理論轉向，明顯地標誌著結構主義馬克思主義在走向衰落。

阿圖色首次宣告「馬克思主義的危機」的場合，是在1977年11月11日－13日在意大利威尼斯舉行的關於「革命後的社會中的權力和對立」的國際研討會上。這個會議是由意大利的《宣言》集團所組織的，會議的宗旨是要考察「現實存在的社會主義」及其對西歐左派的含義。會議主持人盧薩那・羅桑達(R. Rossanda)在開幕詞中給會議確立基調說，史達林主義的經驗使得「不是作為一種一般的渴望，而是作為一種關於社會的理論，一種不同的組織方式的社會主義觀念」成了問題，結果是馬克思主義的危機，「新哲學家是這個危機的漫畫化，但這個危機卻是被廣大群眾當作一種未被承認的現實體驗到的」。

阿圖色在這個研討會上作了題為《馬克思主義的危機》的長篇發言，對他所謂的「馬克思主義的危機」作了具體的闡發。

阿圖色在發言一開頭就說，勞工運動的敵人屢屢利用「馬克思主義的危機」來預言馬克思主義的垮臺或死亡，而他賦予這個詞彙的，則是迥然不同於馬克思主義的垮臺或死亡的含義。阿圖色說，

我們不僅看到而且正在經歷的這場馬克思主義的危機，是一件由來已久的事情。因此，必須從歷史和世界的範圍來理解，它牽涉到以馬克思主義傳統為基礎的革命鬥爭組織所遇到的困難、矛盾和處境，它影響了國際共產主義運動的團結，破壞了舊的組織形式，而且也使馬克思主義本身的歷史及其傳統的戰略和實踐受到懷疑。

毛病出在哪裡？出在那些自稱以馬克思主義為基礎的階級鬥爭組織的共產黨，還沒有真正為蘇共20大以後20多年來的戲劇性歷史作出任何解釋，在所謂「個人崇拜」、「破壞社會主義法制」等可笑的詞句背後，隱藏著更為嚴重的東西，那就是：要對這一段以馬克思主義的名義創造出來的歷史作出真正令人滿意的馬克思主義的解釋，是極端困難的，而這件事情本身，就意味著我們正在經歷著一種揭示出馬克思主義理論的種種局限的形式。這就是說，這場馬克思主義的危機，不是發生在馬克思主義理論領域之外，不是僅僅以偶然的戲劇性事件的形式發生在單純歷史領域內，它直接涉及到馬克思主義理論本身，因為馬克思主義哺育的階級鬥爭組織或自稱為馬克思主義的階級鬥爭組織的政治實踐，必然反過來在理論上有所反映，引起或暴露出衝突、變化、差別和偏向。

現在，從第二、第三國際繼承下來的許多看上去一貫正確的原則，如今已受到了懷疑，因為我們不能迴避國際共產主義運動的危機所引起的衝擊性影響，不能迴避正式或悄悄地拋棄「無產階級專政」這樣重要的原則所引起的問題，也不能迴避目前鬥爭的不能確定的前景所引起的問題。政治上的困境，戰略上的差別和矛盾，不同的表達方法和樣板所引起的混亂，必然會對馬克思主義理論本身產生影響。

阿圖色認為，馬克思主義的危機並不是最近才有的現象，不是

最近幾年才開始的，也不是從六〇年代由於中蘇分裂而公開化，以及西方共產黨和蘇共之間「分歧」而加深的國際共產主義運動的危機開始的，甚至還不是從五〇年代蘇共20大開始的，而是早在三〇年代就出現了。當史達林在馬克思主義本身的基本特點和困難的範圍內違反馬克思主義的時候，當他把馬克思主義禁錮在一些「理論」公式中，使它受史達林主義的歷史性統治所強加的路線和實踐所制約的時候，就在馬克思主義內部引起一場嚴重的危機了，但是，史達林用同樣的手段扼制了這場危機，使它沒有爆發出來。而現在，在一段漫長的悲劇性歷史宣告終結以後，這場危機終於真的爆發了。

問題是對於這場危機作出什麼樣的反應。阿圖色概括了三種不同的反應：第一種反應是閉眼不看、閉口不談這場危機，說這是馬克思主義的敵人的捏造。有些黨則用實用主義的態度，在某些經過選擇的方面保持距離，或在另一些方面放棄許多使人為難的公式，但總是裝點門面，不把這場危機叫做馬克思主義的危機；第二種反應是承受這場危機的衝擊，經受住這場危機及其帶來的損害，同時探索真正的理性，以期發揮勞工運動和人民運動的力量。但這種反應也帶來許多問題和疑問，因為人們不能永遠對這麼重要的歷史現象不作最低限度的全面觀察和考慮；第三種反應是用充分的歷史、理論和政治觀點去觀察這件事，試圖發現這場危機的性質、意義和內在的因素，從這場危機中解放出某種充滿活力的東西。

正是對所謂馬克思主義的危機作出這第三種反應的過程中，阿圖色得出結論說，我們正在經歷的這場危機迫使我們改變我們和馬克思主義的關係中的某些東西，從而也改變馬克思主義本身的某些東西。在經過這樣的「改變」以後，阿圖色又把視線從二十世紀三〇年代的史達林執政追溯到十九世紀四〇年代以後馬克思主義的形

成和發展。阿圖色說，不能認為我們的歷史、政治甚至理論的傳統是一種純潔的遺產，而這種遺產受到歪曲是由於史達林其人或他所統治的歷史時期，因為壓根兒就不存在什麼馬克思主義原有的「純潔性」需要去重新發現。

阿圖色懷著懺悔的心情說，在整個六〇年代這段考驗的時期裡，我們以不同的方式「回到經典著作」去，我們反覆閱讀馬克思、列寧和葛蘭西的著作，試圖從中找出一種活的馬克思主義來，找出某種被史達林的公式和實踐扼殺了的東西。我們都被迫以不同的方式承認這個明顯的事實，即我們的理論傳統並不是「純潔的」。 和列寧的過於輕率的說法相反，馬克思主義不是「一整塊鋼鐵鑄成的」，而是包含著困難、矛盾和空白。這些東西也程度不同地在這場危機中發生過作用，正如它們已經在第二國際時期，甚至在第三國際初期（那時列寧還活著）發生過作用那樣。

阿圖色強調說，馬克思主義經典著作所提供的關於資本主義社會中階級鬥爭的條件和方式的理論，只是一個開端，認為這種理論一開始就具有純潔、完整的形式，那是荒謬可笑的，也不能想像它們從一開始就能擺脫占統治地位的意識形態的影響，以及在鬥爭中不會在某種程度上受這種意識形態的影響。不論馬克思和列寧的才能如何，他們畢竟還是普通的人，他們在探索中也會猶豫不決，也會犯錯誤，也會有差錯，因而他們的著作帶有他們那個時代的印記，包含有困難、矛盾和空白就毫不足怪了。

那麼，阿圖色所謂馬克思主義包含的「困難、矛盾、空白」到底是什麼？他所要「改變馬克思主義本身的某些東西」又是什麼？對此，阿圖色列舉了四個方面的實例。

第一個方面是關於剩餘價值的理論。

　　阿圖色說，馬克思的《資本論》對剩餘價值的理論闡述，是一種算術上的描述。剩餘價值是由勞動力生產出來的價值，同勞動力本身再生產所需商品的價值❺，由這兩者之間的差額計算出來的。

　　然而，把剩餘價值僅僅看作是計算的數量的闡述，卻完全忽視了榨取剩餘價值的條件❻和勞動力本身再生產的條件，它會導致一種十分強烈的誘惑：因為這種剩餘價值的算術闡述可以被當作一種關於剝削的完整理論，使我們忽視勞動的條件和再生產的條件。誠然，馬克思在《資本論》中關於勞動日、製造業、現代工業和原始積累等章節中談到過這些條件，但在實際上它們卻處在闡述問題的順序之外。

　　這樣，人們就可以嚴肅地提出問題：把這種剩餘價值的算術闡述，誤解為關於剝削的完整理論，在馬克思主義的勞工運動史上，是否已經最終在政治上、理論上妨礙了對剝削的條件和形式的正確理解？這種關於作為完全可以計算的數量的剝削，同作為簡單的商品的勞動力的狹隘觀念，是否已經部分地導致了對階級鬥爭的任務作出經濟鬥爭與政治鬥爭的經典分工，進而導致了關於每一種這樣的鬥爭形式的狹隘觀念？在實際上，這種狹隘的觀念已經開始而且現在還在妨礙著整個工人階級和人民的鬥爭形式的擴大。

　　第二個方面是關於哲學、尤其是辯證法之謎。

　　阿圖色認為，在辯證法的問題上，馬克思除了提出少數幾條過於概括、無法從字面上去領會，過於模棱兩可而令人費解的公式之外，沒有說過什麼東西。在這裡，有一個關於馬克思辯證法和黑格爾辯證法之間關係的問題，這個問題關係到必然性的觀念和歷史的

---

❺　工資。

❻　勞動條件。

觀念，關係到歷史形態的觀念，關係到歷史是否有目的、有無終結，資本主義的崩潰是否不可避免等問題，即關係到階級鬥爭和革命行動的觀念。

在這個問題上，馬克思的沈默以及根據他的著作重新確定他的哲學立場所遇到的困難，除了在列寧、葛蘭西等幾個例外之外，實際上打開了通往實證主義和進化論的道路，而史達林在《聯共（布）黨史簡明教程》一書裡所寫的關於〈辯證唯物主義和歷史唯物主義〉這一章，則把實證主義和進化論的形式固定和凍結了30年。

第三個方面是關於國家方面的理論空白。

阿圖色說，應當坦率地說，在這個涉及馬克思列寧主義政治思想的中心的問題上，確實不存在任何「馬克思主義的國家學說」。這不是說，馬克思和列寧試圖迴避這個問題，然而，人們在經典著作中所找到的，首先，在階級鬥爭和階級統治之間建立關係的形式方面❼，只是一再警告要防止一切資產階級的國家觀念。因此，只是一條反面的分界線和定義。

馬克思和列寧說過存在著「不同類型的國家」，但他們都沒有開始分析國家如何保證階級的統治、國家機器如何運轉的問題。阿圖色以1919年列寧《論國家》的講演為例，說重讀起來會使人感到遺憾，因為列寧在那裡只是強調這是一個困難的、非常複雜的問題，只是一而再、再而三地重複國家是一種特殊的機器、一種特殊的工具，卻沒有接下去告訴人們，在這裡「特殊的」意味著什麼，「機器」和「工具」又意味著什麼。重讀葛蘭西在獄中所寫諸如「國家＝壓制＋霸權，專政＋霸權，力量＋輿論」等等小方程式，也會令人感到遺憾，因為這些小方程式與其說是一種國家學說的表現形式，

---

❼　有明確的指示，而毫無分析。

還不如說是一種探索，用一些從政治學和從列寧那裡借用來的術語，為工人階級爭取國家權力提出一條政治路線。

阿圖色強調說，列寧和葛蘭西的悲哀來自這樣的事實：他們打算超越經典的反面定義，但是經過摸索沒有成功。然而，國家問題在今天對於勞工運動和人民運動來說都至關重要，在提出人民力量如何取得政權，並按革命民主方向改造國家和使之消亡的問題上，都是至關重要的；國家問題對於理解東歐國家來說也是至關重要的，在那裡，國家遠未「消亡」，而且與黨合二而一，從而獲得了越來越多的權力。

第四個方面，是關於階級鬥爭組織方面的理論空白。

阿圖色說，人們在馬克思主義的遺產裡，也找不到任何關於階級鬥爭的組織、尤其是關於政黨和工會的真正理論。雖然在政治上、實踐上存在著有關政黨和工會的爭論，但沒有什麼東西可以讓我們理解政黨和工會的運轉情況，包括它們運轉失靈的形式。在工人運動本身傳統的基礎上，在資產階級組織的基礎上，工人運動早就建立了自己的進行鬥爭的工會和政治組織，但無論在哪裡，都碰到這些組織和國家之間的關係問題，在東方，它表現為這些組織和國家合併的問題；在西方，則是由於資產階級企圖把工人階級階級鬥爭的組織納入自己的軌道中而存在的這些組織被合併的危險的問題。

阿圖色強調說，馬克思主義的以上兩個理論空白，同對我們來說有決定性的問題緊密相關。國家的性質是什麼？尤其是在當前帝國主義社會中建立的那種類型的國家的性質是什麼？政黨和工會的性質是什麼？它們運轉的方式是什麼？如何才能避免國家和政黨最後合併的危險？我們現在如何才能理解「摧毀」資產階級國家的必要性，為革命的國家的消亡作好準備，以便促進這種過程？我們如

何才能檢查和改變階級鬥爭組織的性質和運轉？如何才能和群眾運動建立關係？……

對於諸如此類的問題，阿圖色說馬克思主義者和革命者過去曾經試圖設法在關鍵性的時期提出這些問題來，但它們不是被忘記掉了，就是被掩蓋起來了。為此，阿圖色期望，在當前的馬克思主義危機中，能夠有和當年第二國際垮臺以後馬克思主義重新和「民族事業」結合起來的相類似的轉變，由此帶來馬克思主義的新生、賦予它以新的力量，改變它的意識形態、組織和實踐，為工人階級和全體勞動人民展現社會、政治和文化革命的真正未來。

可以作為阿圖色從「回到馬克思」、「保衛馬克思」到宣告「馬克思主義的危機」這種理論轉向時的思想情緒作參照的，是阿圖色寫於1976年，而在幾年以後，被違背了他的意志而被發表出來的〈弗洛伊德博士的發明〉一文。在這篇文章中，阿圖色從根本上改變和顛倒了他在六〇年代所寫〈弗洛伊德和拉康〉一文中的觀點。現在，阿圖色說，弗洛伊德並沒有生產出一種關於「無意識」的科學理論，而拉康把科學「形式」給予弗洛伊德著作內容的努力，則只是造成一種對精神分析的異想天開的哲學，它迷惑了全世界的知識分子。阿圖色於1984年5月11日致信《世界》雜誌，對未經授權發表其論文一事提出抗議。實際上，在當今，阿圖色對馬克思主義也正在作著與此相類似的事情。

在這個會議以後，意大利無產階級統一黨的《宣言報》編輯部又在1978年3月採訪了阿圖色，請他詳細闡述他的觀點。於是，阿圖色又發表了一篇題為〈馬克思主義是「有限的」理論〉的文章。在其中，阿圖色說，他之所以認為馬克思主義是一種「有限的」理論，是因為它不是一種可以包羅人類的一切前途的歷史哲學，而只

不過是對資本主義社會的一種分析，它除了把共產主義說成是現階段矛盾發展的可能趨勢以外，並沒有積極地描繪出共產主義的輪廓。這樣，馬克思主義就不是一種完整的理論，證據是馬克思主義對於國家、意識形態、政治和階級鬥爭的組織幾乎沒有作出任何說明。

為了使馬克思主義完善起來，阿圖色提出，由於共產主義是從資本主義矛盾產生的一種可能的趨向，由於國家可能要消亡❽，所以有必要把黨和國家分離開來❾，擴大政治概念，以便採納新的政治運動❿的要求，而這一切又都是同政治的多元化以及某些變化的規則相一致的。由於在這篇文章中，阿圖色提到了「共產主義這種遙遠的前景也許永遠得不到實現」，因此，人們認為，在阿圖色的思想中已經出現了主觀的因素、甚至倫理的因素，而這同他以前作為辯證唯物主義科學性捍衛者的立場是相互矛盾的。阿圖色的文章所表述的觀點，引發了有26人參加、長到8個月的辯論，直到1978年11月才結束。後來，意大利巴里的德·多納托出版社在1978年出版《關於國家的討論　對路易·阿圖色一篇論文的意見》一書。

接著，阿圖色又在1978年以意大利文出版的《歐洲百科全書》第7卷上，發表題為〈今日馬克思主義〉的條目，對馬克思主義遺產的效力提出疑問，並最終拋棄了作為《保衛馬克思》和《讀解「資本論」》的基礎的結構主義馬克思主義戰略。

在〈今日馬克思主義〉關於馬克思主義的狀態和地位的思考中，阿圖色一開始就提到馬克思本人有一次否認自己是馬克思主義者的時候，他讓人注意反對把他的思想解釋成一種「體系」——一種歷

❽　阿圖色說這是可能的，而不是必然的。

❾　這意味著否定蘇聯模式和社會民主黨模式。

❿　如女權運動。

史哲學或政治經濟學科學，他改造了「批判」此詞的意義，把《資本論》的副標題稱作政治經濟學批判，這標誌著馬克思不承認任何關於「科學」的自稱。這種對政治經濟學的批判，不是代表了一種認識論上的事業，而是代表工人階級占有的一種理論的政治立場，馬克思恩格斯通過參與工人運動實踐，他們的思想變得在工人運動內是「批判的和革命的」。

首先，阿圖色所寫〈今日馬克思主義〉的條目認為，考茨基和列寧提出的關於社會主義觀念是從外面輸入工人運動中的思想，是錯誤的和危險的。因為在由資產階級知識分子生產出一種科學理論，並把它從外面輸入工人運動中這種見解的背後，存在著關於理論和實踐的關係、黨同群眾運動的關係以及黨的領導同普通戰士的關係的整個概念，它在這些關係雙方的分離中再生產著資產階級形式的知識和權力。

針對著考茨基和列寧的這個錯誤，阿圖色說要確立被他們剝奪而英、法工人則加以抵制的「直接的和實踐的經驗」的首要性，要使馬克思變成無產階級的有機的知識分子，而且他認為，在馬克思的畢生事業中，經驗的方面是決定性的，他的理論是在階級鬥爭的坩堝中形成，接受檢驗和得到發展的。阿圖色說，無論在其理論著作中，還是在其政治鬥爭中，馬克思從未離開過工人階級階級鬥爭的領域。對於考茨基的公式，人們能夠答覆說，馬克思的思想是在工人運動內，在它的基礎和立場上形成發展起來的。

其次，阿圖色認為，如果說列寧在接受考茨基的「輸入」公式上是錯誤的話，那麼，他在發展恩格斯的關於馬克思主義的「三個來源」的命題的問題上，也是錯誤的。因為他就此陷入了「思想史中的陳詞濫調」之中，完全不能說明馬克思發現被德國唯心主義的

問題框架所禁錮的社會現實，同馬克思採納無產階級理論觀點這兩者之間的密切關係。

阿圖色說，在思想史的旗幟下寫馬克思主義的歷史，就是背離了馬克思在「思想史中進行的革命」，而把它歸結為一系列的「顛倒」，即把英國政治經濟學顛倒為經濟科學，把德國哲學顛倒為辯證唯物主義，以及把法國社會主義顛倒為「唯物主義的」歷史哲學和科學社會主義。

然而，問題在於，如對於馬克思主義的這個表述沒有被馬克思所認可，那麼，它無非是一種發明罷了。但是，緊接著，阿圖色又認為，雖然考茨基、列寧誤解了馬克思的思想，不知不覺地顛倒了它的革命地位，馬克思本人也通過沒有從整體上對他以前的哲學良心進行清算，而便利了他們的這種誤解。

第三，儘管馬克思在意識形態鬥爭中有銳利的意識，卻並不在意於他自己的思想被歪曲和利用的可能性，這是和馬克思對法、國家、意識形態等上層建築問題的反思的貧乏有關的一種盲目性，而馬克思主義傳統對於從馬克思那裡繼承下來的這種東西上面，又沒有添加任何東西。

阿圖色說，從根本上說來，從理論的觀點來看，馬克思主義仍然處在馬克思那時的階段，甚至在有些地方還達不到馬克思的水平。馬克思的思想引起了評論、例證和應用，但在這個過程中，馬克思主義主要地只是被重複、轉移或僵化，直到最近幾年，馬克思主義既未被重新開始，又未被發展，這種情況不僅表現在階級鬥爭無可爭辯的結果和資產階級意識形態的統治方面，它使馬克思主義在理論上處於防禦地位，而且也因為在馬克思那裡存在著空白。

第四，阿圖色重申他在威尼斯會上的發言說，在馬克思著作中，

最重要的空白有：馬克思沒有提出會使思想成為一種物質力量的、關於階級鬥爭的組織問題；馬克思沒有預見到任何這樣的體制需要有一種機器，而在機器和戰士之間由此產生的劃分則能再生產出資產階級對權力的劃分，並提出可能以悲劇告終的令人驚駭的問題。盧森堡感覺到了這種危險，但沒有從理論上抓住這個問題，因為馬克思的繼任者多半滿足於重複馬克思所說的東西，於是他們就「盲目地陷入夜晚的黑暗之中」： 在國家問題（意識形態問題）上的夜晚，黨的問題上的夜晚，政治問題上的夜晚，把馬克思的思想推到它最陌生的東西的極端。

第五,結果,馬克思主義就不僅沒有被推進到超越馬克思的境地,它還倒退了。在考茨基和普列漢諾夫(G.V. Plekhanov, 1857–1918)那裡， 馬克思主義被轉變成一種進化論的歷史哲學，《資本論》被習慣地解釋成一篇關於科學的政治經濟學的論文；而在恩格斯的「不幸的」晚期著作中，辯證唯物主義被承認為馬克思主義哲學，一種為歷史唯物主義和科學社會主義提供絕對保證的東西；最後，在史達林那裡，黑格爾勝過了馬克思，歪曲變成悲劇。阿圖色說，在馬克思主義的名義下，史達林年復一年地盯住黑格爾主義，這個沒有外景的絕對知識。在史達林那裡，既然「幹部決定一切」， 那麼，真實的東西的定義就是領導的特權，思想具有無限威力的資產階級意識形態在國家－黨－國家的畸形統一中得勝了，群眾只是必須以他們的解放的名義服從好了。

第六，但是，為了說明這種大災難，僅僅把它歸諸於資產階級意識形態卻是不夠的，還需要說明在工人運動中再生產資產階級意識形態的形式，只有一種廣泛的意識形態理論才能推進這種說明，但馬克思主義恰恰缺乏這樣的理論。馬克思主義的領袖們往往把他

們組織中出現的問題和「偏離」同占統治地位的意識形態的入侵聯繫起來，卻不注意革命組織為了內部統一的目的，而把一種意識形態「藏匿」起來的事實，他們沒有使自己變得適應於處理馬克思主義意識形態和這種被「藏匿」起來的意識形態之間的矛盾，他們喪失了黨的理論，不能預見到這種被「藏匿」起來的意識形態能夠以在黨內再生產資產階級國家的機構而告終。

列寧、葛蘭西、毛澤東曾經以不同的方式同這種巨大困難進行格鬥，但卻證明他們沒有能形成關於國家、意識形態和黨所必須的理論。因此，對於馬克思主義來說，今天生死攸關的需要，是承認這個歷史悲劇，對它承擔責任，把它們放在議事日程上深入洞察事情的根源，形成為理解它們所需要的理論手段，以便在最終按本來面目認識它自己以及它將發生變化。

第七，也是最後，阿圖色強調說，馬克思主義由於長期中止而處在深刻變化的前夜，而階級鬥爭的當代範式也已經使得改變馬克思主義在政治、意識形態和理論等各方面的總的危機成為可能和必要。關鍵性的問題是要闡明帝國主義、國家、意識形態、黨、政治等問題，是要使自己的命運同階級鬥爭的不可預言的歷程聯繫在一起，因為馬克思主義歸根到底是要由人民大眾在其鬥爭中檢驗的事業。

古往今來，指責馬克思主義有這個錯誤、那個缺陷，宣告或者預言「馬克思主義的危機」的，大有人在。為什麼阿圖色撿起了這個話題，就標誌著結構主義馬克思主義的衰落呢？其原因在於，長期以來，阿圖色是以「讀解」《資本論》、「回到馬克思」、「保衛馬克思」相標榜，以結構主義馬克思主義去對蘇共20大在國際共產主義運動中造成的把馬克思主義人道主義化的嚴重局勢進行理論干預

著稱的，現在，他卻轉而宣告包括馬克思本人的著作在內的馬克思主義的理論傳統本身就不是「純潔的」，而是包含著種種困難、矛盾和空白的，而馬克思以後 100 多年來的馬克思主義不僅沒有被推進到超越馬克思，還反而倒退了，那麼，多年來阿圖色鼓吹的所謂「讀解」、「回到」、「保衛」，豈不是成了去「尋找一種不存在的對象」了嗎？這顯然意味著阿圖色從自己的腳底下抽掉了他的立足點，意味著阿圖色自己搞毀了自己的安身立命之地，這怎能不標誌著結構主義馬克思主義的衰落呢？

四、結構主義馬克思主義衰落的其他標誌：從「新哲學家」反馬克思主義反社會主義到普蘭查斯悲觀自殺

結構主義馬克思主義的衰落，不僅表現在其創始人、主要代表阿圖色的轉向上，而且也表現為阿圖色的一些學生和追隨者，或者像「新哲學家」那樣由虔誠的激進派轉變為狂熱的反馬克思主義反社會主義者，或者像普蘭查斯那樣由於悲觀絕望而自殺身亡。

所謂「新哲學家」(New Philosopher)，是指在1976年左右在學術和政治舞臺上名噪一時的一群反馬克思主義反社會主義的年輕人。「新哲學」這個名稱，最初是由評論性刊物《文學新聞》用來稱呼他們的思想觀點的。這群人的核心人物是：安・格魯克斯曼(A. Glucksmann, 1937–)，貝–昂利・列維(B.-H. Levy, 1949–)，讓–瑪麗・伯努瓦(J.-M. Benoit, 1942–)，讓–保羅・多萊(J.-P. Dolle, 1939–)，菲・奈莫(P. Nemo)，米・蓋蘭(M. Guerin)，克・讓貝(C. Jambet)，居・拉德羅(G. Lardreau, 1942–)。這群人的觀點不盡相同，但他們又具有一些共同點：他們大多是阿圖色在巴黎高等師範學校

的學生或者追隨者，在學習時就積極參加極左派組織的活動，有的還把毛澤東晚年發動的「文化大革命」看作是標誌著沒有主宰的世界的到來、新世界降臨的徵兆。隨後，他們積極地投身於1968年的法國五月風暴，當時他們認為1968年的革命是可能獲勝的，社會主義是人類免於陷入野蠻狀態的唯一可能道路。但是，五月風暴的失敗，使他們既覺得自己無能為力，又覺察了蘇聯模式的罪惡，他們的幻想破滅了；中國的文化大革命以「四人幫」的被粉碎而宣告結束，加劇了他們的幻滅感；索忍尼辛《古拉格群島》一書的出版，則直接促使他們由幻滅轉而走上反馬克思主義反社會主義的道路。

在這些「新哲學家」們看來，既然社會主義搞出了「古拉格」這樣的事，那麼，「馬克思主義就已經死去了」，社會主義不是一條擺脫野蠻狀態的道路，而是一條筆直地通向野蠻狀態的道路。於是，不但是上帝死了，連馬克思和毛澤東也都死了，既然唯一合理的科學馬克思主義是荒謬的，那麼，科學也就是不可思議的、而且是邪惡的，不僅如此，「理性就是集權主義！」這樣，反馬克思主義、反理性主義、折衷主義和自相矛盾就成了新哲學家們的共同特徵：他們批判權力、非正義、壓迫和野蠻，但在哲學上又表現出絕對的教條主義和過激的偏執，他們在反對野蠻的鬥爭中所使用的恰恰正是那些打有野蠻的烙印的武器。

大體上說來，「新哲學家」們的活動有三個階段：第一階段，從剖析蘇維埃國家到剖析馬克思本人再到剖析整個西方的權力思想，反對主宰們濫用權力；第二階段，闡明所謂「主宰的永恆性」，認為權力是世界的根基，人們是無法擺脫權力的控制的；第三階段，提出生活的意義和人類命運的問題。

應當指出，這些「新哲學家」所表述的東西，就其內容來說，

並沒有什麼新鮮之處，嚴格地說來，根本談不上是什麼「新哲學」，它們幾乎都是一些主觀經驗的產物，而且對概念的解釋也十分拙劣和模稜兩可，其說理和表達方式則過分地簡單化。這些「新哲學家」之所以會在七〇年代末期在法國的學術界乃至政治舞臺上名噪一時，根本的原因在於，當時法國公民即將選舉一個新的議會，而且社會主義－共產主義者聯盟有可能獲得多數選票，於是，右翼就把這些「新哲學家」當作有價值的同盟者，大張旗鼓地把他們抬出來為自己撈取選票製造輿論。

「新哲學家」到底是怎樣反馬克思主義反社會主義的？這裡且以格魯克斯曼和列維的兩本著作為例來加以說明。

格魯克斯曼在1977年出版的《大思想界》一書，攻擊馬克思是根據費希特的革命科學概念，吸取黑格爾的國家觀點，最後採用尼采的「權力意志」說，把一切事物說成是「權力意志的結構」和統治工具，從而把國家政權推向極端，終於建立起領袖的強權政治理論，實行名為沒有奴役的集權主義。

格魯克斯曼依靠什麼「論證」手法，把這些對革命持截然不同態度的歷史人物的思想歸類到同一譜系的呢？靠的是從他們著作中斷章取義地摘引個別相同的字句，然後宣布說他們的觀點幾乎是一樣的。借助於這種手法，他把黑格爾的「理性」，馬克思的無產階級專政觀念，尼采的「自我克制」(self restraint) 觀念等同起來，說費希特哲學導致革命科學概念，同時從啟蒙角度在公民關係方面導致教育的職能，黑格爾創造了哲學的形而上學，把歷史置於中心地位以代替上帝，馬克思用強調階級鬥爭和革命的必然性來加強宿命思想，尼采則赤裸裸地提出「統治者」以及隨之而來的政權命題，並從德國哲學的發展中得出最後的結論。據此，格魯克斯曼宣稱，

在費希特的《科學論》、黑格爾的《邏輯學》、馬克思的《黑格爾法哲學批判》和尼采的《道德譜系》之間，交流著同樣的「宣告形而上學終結的形而上學」思想，把馬克思主義歪曲成將國家權力當作專斷工具而加以偶像化的思想。

格魯克斯曼依靠的另一種論證手法，是依據上述這四個歷史人物都是德國人，就把他們不同的思想納入到同一個「德意志精神」(German spirit) 中去。據他說，建立在主導一切事物的理性科學之上的西方思想是一種統治思想，這種思想以強權意志這一特有方式在「德意志精神」中得到表現，它把西方思想的這種傾向推到了極端。在這裡，德國的特點發揮了作用：德國人的統一遠遠地領先於領土的統一而存在，由於30年戰爭，領土的分裂同「教科書的統一」即思想、語言的統一同時存在。所以，那時的德國雖然在領土上四分五裂，卻幻想著強權和稱霸於世界的帝國。當周圍一些民族國家極力掩蓋它們的強權的時候，德國的哲學卻把這種統治的意願移注到思想中並把它公開表現出來，但因為德意志民族在當時還沒有國家，所以，它就把自己的文化和意願的全部能量，都集中到這個將要取得、將要發生巨變、將要得到改造和將要建立的理性國家上來。

格魯克斯曼說，這樣，從費希特到馬克思，強權意志得到了不斷的加強：費希特贊賞法國革命，把革命看作是一種科學實驗，黑格爾則設想一個非常理性的、有紀律的、以主宰者的「學識」和排除一切異議為基礎的國家。馬克思出現以後，這種統治哲學得到了進一步的發展，但因為在馬克思之前就有了資本，於是，醉心於權力的馬克思，就把他從這種權力中得出的觀念用於資本，他把「一切權力歸資本」看作是舊世界的絕對規律，這就把塵世間的得失——一切權力納入了生活常規。格魯克斯曼把馬克思的思想說成是資本權威思想的一

種絕對化，於是，當了權的馬克思主義者建立國家的無限權力和濫用權力也就不足為怪了。格魯克斯曼叫嚷說，馬克思的學說應該對當代歷史過程中發生的事情負責，它沒有預見到這些困難、沒有促使人們去注意其中包含的危險。

在同年出版的貝-昂利・列維的《人面獸心》這本書的基本命題是說，必須從歷史上對悲觀主義作徹底的研究，主要問題在於：統治者、政權並不是從外面強加給人們的，而是人們希望的某種依賴性的結果。接著他就把國家同整個人類發展完全等同起來，認為現實的本質就是作為一部分人對另一部分人的統治的權力，統治者就是現實的隱喻，不存在不是政治的本體論。只要存在歷史，就將存在權力，國家沒有起源，沒有歷史，國家一經出現，就是不可逆的，除了國家存在本身以外，歷史沒有任何意義。列維把國家權力說成是人類在沒有任何改變希望的某個歷史過程中不可救藥的罪惡。他說，二十世紀的偉大發明就是勞改營，而勞改營就是在國家理論的名義下，把隨意殺人變成家常便飯。

列維還從回顧自己參加1968年五月風暴的經驗入手，說幸福是沒有的，不幸卻一直存在，美好的社會主義理想純粹是空中樓閣，馬克思主義的理論是從來不起作用的，誰也沒有掌握打開天堂大門的金鑰匙。列維認為，資本主義國家的技術發展毀滅了人類的一切，無宗教的國家正在創造一種國家的宗教，馬克思主義是基督教教會之外的另一個教會，是人民的鴉片、當代的宗教。社會主義和資本主義兩種意識形態都是戴著人的假面具的食人者，社會主義在歷史上第一次成為世界性霸權，但奇怪的是它目前也在全世界都發生了危機，作為現代地獄的古拉格群島的現實，就是社會主義的體現，社會主義和極權主義是同義詞。列維指望在政治上依賴個人的自覺

性、創造性或個人的道德力量，為此，他對美國總統卡特寄以希望。

　　作為阿圖色的學生和追隨者的「新哲學家」們，在阿圖色本人宣告什麼「馬克思主義的危機」的時候，也由五月風暴的積極參加者，反水倒戈成為狂熱的反馬克思主義反社會主義者，而且採取了不擇手段的卑劣手法，這顯然是結構主義馬克思主義衰落的又一個標誌。

　　阿圖色的另一名學生，拉美游擊隊理論家、法國前總統密特朗(F. Mitterrand, 1916–)的顧問德布雷(R. Debray, 1940–)，在「新哲學家」們誹謗馬克思主義展開了一種不可避免地要導致古拉格群島的極權主義邏輯時，也跟著指責馬克思主義中缺乏有關人統治人的理論。他說，由於馬克思及其後裔，人們知道了有關人對人的剝削的某種東西，但人們很少知道有關人統治人的東西，馬克思主義缺乏這方面的東西。應該指出，這種說法也是沒有根據的，因為馬克思堅持用生產關係去解釋權力關係，在《資本論》第3卷中，馬克思明確指出和論證了從直接生產者身上榨取剩餘勞動的獨特的經濟形式，決定著統治和從屬的關係的原理。所以，德布雷實際上是在指責馬克思主義不能說明東方和西方的特殊的國家形式。然而，這樣一來，德布雷就把大門向「新哲學家」們，向主張用後結構主義去取代馬克思主義的傅科、德婁澤等人敞開：他們明確提出必須用權力關係、而不是生產關係去理解社會。

　　甚至在結構主義馬克思主義在英國的傳播過程中也出現了同樣的趨向。阿圖色在英國的追隨者在1971–1973年間出版了一本名為《理論實踐》的雜誌，企圖為英國發展出一種獨特的阿圖色戰略，在該雜誌因編輯之間發生意見分歧而停刊以後，他們又通過《經濟和社會》、《屏幕》等雜誌繼續發揮影響。1977–1978年，原《理論

實踐》雜誌的四名編輯一起出版了兩卷名為《馬克思的「資本論」和今日資本主義》的著作。在書中，這些作者指責《資本論》沒有為他們需要承擔的那種工作提供基礎，在關鍵的理論領域內要麼它所說的是不恰當的，要麼它通過被提到前列的那些問題和概念的干預而保持了沈默。他們說，出現在《資本論》的論述中的價值和價值法則的概念以及依存於它的概念和問題應予拒絕，必須取代作為馬克思主義論述中理論的主要對象的生產方式，古典形式的階級鬥爭概念也不再能保持了，由此可以得出結論說，工人階級並不自動的或在本質上是社會主義的，工人階級的政治並不自動地是進步的。這樣，該書就顯然走出了馬克思主義的範圍，而為傅科在用後結構主義去取代馬克思主義時所闡述的問題鋪路架橋了。

阿圖色的另一名學生普蘭查斯，曾經以在阿圖色的總的理論框架內，提供了結構主義馬克思主義的階級論和國家論而聞名於世。他在1968-1978年的10年間，先後發表了《政治權力和社會階級》，《法西斯主義和獨裁》，《當代資本主義社會中的階級》，《獨裁的危機：葡萄牙、希臘、西班牙》和《國家、權力和社會主義》五部著作，被認為在馬克思主義著作和西方社會科學著作之間架起了橋梁，填補了人們理解二十世紀後半期技術官僚國家的空白，是七〇年代西方最有影響的馬克思主義的政治理論家。而且，普蘭查斯還具有一個誠實、坦率的學者的優點，他一是沒有把自己的觀點說成就是馬克思本人的觀點，更沒有認為自己比馬克思本人還更理解馬克思的理論觀點，二是明確承認自己是結構主義馬克思主義者，三是還公開批評包括阿圖色在內的他的老師和同伴的觀點。例如，他曾經批評阿圖色沒有給予階級鬥爭以應有的地位，低估或忽略了國家機器的經濟作用，「意識形態國家機器」論沒有具體說明階級鬥爭，

有落入現代改良主義對葛蘭西的「官方」解釋中去的危險，他還表示要同阿圖色的「理論實踐」論保持距離。但在七〇年代末期，他卻和阿圖色以及阿圖色其他一些學生和追隨者一樣，沾染上了嚴重的悲觀主義情緒，以後，又因為法國左派聯盟的失敗引發了憂鬱症，以及因為對於越南侵略柬埔寨這種「社會主義國家之間的戰爭」無法理解，在癲狂的困擾中，於1979年10月3日從蒙塔帕納斯塔22層上面縱身跳下，結束了自己43歲的生命。

　　然而，應當說，阿圖色的結構主義馬克思主義的最終衰落的決定性標誌，還在於阿圖色在1980年11月精神病發作，掐死其妻子埃琳娜・李特曼的事件。

第七章　阿圖色和埃琳娜‧李特曼的關係

　　1980年11月16日星期天的早晨，年已六十有二的阿圖色穿著睡衣，在外面又套上了一件晨衣，從他在巴黎高等師範學校的宿舍裡跟跟蹌蹌地跑到庭院裡，發狂地喊道：「我的妻子死了！我的妻子死了！」他一而再、再而三地這樣哭喊著。高等師範學校的住校醫師艾迪納立即被請了來，當他跟著到宿舍裡對阿圖色的妻子、年屆70的埃琳娜‧李特曼進行檢查時，發現她確實已經死了。這時，阿圖色又叫喊道：「我殺死了我的妻子，我勒死了她！我殺死了她！」當時，他正處在極度的混亂和興奮的可怕狀態之中。阿圖色的尖聲呼喊和號叫，吸引了許多人、特別是高等師範學校學生的注意，他們不知道阿圖色家到底出了什麼事，也不知道他們能夠做些什麼和應該做些什麼。

　　艾迪納醫生知道阿圖色有精神不穩定的長期病史，所以，他在檢查完埃琳娜的屍體以後，就立即跑到高等師範學校總監的家裡報告情況，並告訴他必須把警察請來。學校總監當即召集會議，和學校有關各方商量處理辦法，大家認為應該立即把阿圖色送到他曾經作為病人多次去就診過的聖‧安妮精神病院去。這樣，當地方警察分局接到報告後趕來高等師範學校時，阿圖色已經在10多分鐘前被

救護車送到醫院去了。

警察對埃琳娜的屍體進行了正式檢查，最初，他們沒有在女屍的喉嚨部位發現有被勒死的痕跡，在別處也沒有找到施暴的痕跡；只是在屍體入殮時他們才發現她的氣管已被暴力弄裂了，就是說，她的確是被勒死的。於是，地方當局就派了一名地方法官去通知阿圖色說，他已被控告犯了「故意謀殺罪」。但醫院卻對這位法官說，阿圖色正處在一種精神完全崩潰、不能理解法律程序的狀態。於是，地方法官只好指定一個由三名精神病醫生組成的小組對阿圖色進行檢查。在收到這個小組的檢查報告並進行了分析研究以後，地方法官在1981年1月宣布了對阿圖色免於起訴的決定。

那麼，阿圖色怎麼會和一個比他大8歲的女人結合的？又怎麼會精神病嚴重發作、掐死他的妻子的？埃琳娜‧李特曼是一個什麼樣的人？她和阿圖色平時的關係又是怎樣的？……在阿圖色掐死其妻子以後，這些問題一直吸引著國內外眾多讀者的關切。

一、從相識到相愛

阿圖色是在1946年12月的一個夜晚認識埃琳娜的。那天，友人萊塞弗邀請阿圖色一起去看望自己的母親，並對阿圖色說：「你將見到埃琳娜，這個女人稍微有點瘋狂，但她對政治有非凡的理解，而且性格慷慨豪放。」當他們兩人一起來到巴黎勒必克地鐵站入口處的時候，就見到了正在雪中等待著他們的埃琳娜。她的個子很小，全身包裹在一件外衣裡面，阿圖色見了她後，第一個本能動作就是抓住她的手臂以免她在雪中跌倒。那天，阿圖色穿著他從戰俘營回到巴黎時友人送給他的一件質地較差的夾克。在見面後的敘談中，阿圖色說了一些關於三〇年代西班牙內戰的事，並雜七雜八地講了

一些他對外祖母、對霍爾斯的回憶，埃琳娜只是默默地認真聽著，而沒有談她自己的情況。但阿圖色卻從她的神情和姿態中覺察到在她身上有某種深不可測的痛苦和孤獨感，從那時起，阿圖色就萌生了要拯救她、幫助她，要為她服務的強烈願望。

在爾後同埃琳娜的交往中，阿圖色漸漸了解到她出身在一個住在波、蘇邊境上，姓李特曼的猶太人的家庭裡。為了躲避對猶太人的集體迫害，李特曼家搬遷到了法國，埃琳娜就出生在巴黎第18區靠近奧登納街的一所屋子裡。埃琳娜的父親經營蔬菜、水果買賣，他樂於助人，而且在猶太人社會中被認為是一個聰明人，鄰居家裡有事時總要來找他、聽取他的忠告和建議，他也隨時給以幫助。埃琳娜的母親生下她以後就沒奶，而且因為希望生一個兒子卻來了個女兒，認為她打亂了自己的計劃，就把她當作憎恨的對象來發洩，所以，她從小就對父親有良好的印象而對母親卻產生可怕的幻覺。

在埃琳娜10–11歲時，她父親得了癌症，她的哥哥、姐姐已分開生活，母親又把照顧父親的整個重擔卸給了她。於是，她就不得不把自己平時總和貧民區其他孩子一起在街上玩的生活，改變為整日整月地陪伴在病床邊上，關懷和安慰其父親，最後由醫生給她父親注射了大量嗎啡讓他死去。一年以後，埃琳娜的母親也得了癌症，也是由那個醫生給注射了致命的藥劑而去世的，那年埃琳娜13歲。在萬般無奈的情況下，她終於找到了一份能夠自己養活自己的工作，甚至還能抽時間到巴黎大學索邦分校去聽聽課。在那裡，埃琳娜遇見了第一個真正的朋友艾彌爾，她是一位對斯賓諾莎和黑格爾有強烈興趣的哲學家和共產黨人，但當她到蘇聯去作研究工作時，卻遭到懷疑被拘留在西伯利亞的一個地牢裡，最後被處決。然而，埃琳娜在和艾彌爾的交往中卻學到了很多東西，特別是學到和懂得了哲

學在政治中的極端重要性。

埃琳娜在1946年認識阿圖色時，已經失去了所有的友人，包括她的好友拉魯阿神父(Father Larue)。由於戴高樂派駐里昂的代表法爾格(Y. Farge)，不讓人們從蒙特勒克戰俘營把拉魯阿神父營救出來，以致他被納粹處決了。那時，埃琳娜處在完全赤貧的狀態，她住在聖‧蘇必士廣場一家旅館頂層一間骯髒的頂樓間裡，靠出售法國名人馬爾羅(A. Malraux, 1901–1976)、阿拉貢(L. Aragon, 1891–1982)、伊羅阿(Eluard)等當年簽字送給她的珍貴書籍維持生活。埃琳娜邀請阿圖色到她那間屋頂室去，同他一起到蘇必士廣場上去散步聊天，她也不時去阿圖色宿舍裡拜訪他，埃琳娜就阿圖色同她初次見面時穿的那件夾克發表自己的意見，又品頭論足地評析阿圖色的臉和前額，總的評論意見是說他長得很漂亮。

1947年阿圖色接近30歲時，正在同兩個青年女子交往著：一個叫尼考爾，她喜歡阿圖色而他不怎麼喜歡她；另一個叫安琪林，阿圖色正在向她求愛，他還希望得到埃琳娜對他所愛的安琪林的嘉許，所以就把她們兩人一起邀請到海邊船上的一間小屋裡去喝茶。那時，埃琳娜38歲，安琪林20歲。在聊天中，她們兩人就古希臘悲劇作家索福克來斯(Sophokles, 496BC–406BC)辯論起來，先是安琪林談了她關於悲劇的某些見解，阿圖色靜靜地聽著，漸漸地，埃琳娜開始批評起安琪林的見解來，她開始是平心靜氣地提出自己的不同意見，但當安琪林加以反駁以後，埃琳娜的臉色和聲音都變了，她變得越來越嚴厲和不妥協，甚至粗暴起來，最終造成了一種深深傷害安琪林的局面，使得安琪林痛哭起來，在阿圖色正被這種場面弄得不知所措時，安琪林離開阿圖色，從此結束了他們之間的愛情，而埃琳娜則闖進了阿圖色的生活。數日後，當埃琳娜去拜訪阿圖色、坐在

他床邊吻他時，一陣衝動使他們墜入了愛河。在埃琳娜離開以後，阿圖色陷入了深深的苦惱和懊悔之中，所以在第二天就打電話給埃琳娜，堅定地告訴她，以後再也不會同她做愛，但已為時過晚。

阿圖色經皮埃爾‧梅爾醫生診斷患有痴呆症之後，就住進了聖‧安妮精神病院去治療數月。在此期間，醫院禁止阿圖色會見任何人，但就在這時埃琳娜卻出現在醫院一樓廁所的窗子外面，在和阿圖色接上頭以後，他們兩人就又在醫院溝通起來。這時，醫院的另一位醫生診斷說，阿圖色患的不是痴呆症，而是憂鬱症，建議他經24次休克療法之後去療養。在離院時，埃琳娜又在醫院外面等著，護送阿圖色去了由她和阿圖色的友人馬丁一起在康勃洛為阿圖色找到的療養地，等到阿圖色恢復健康離開療養院後，埃琳娜又和阿圖色一起去了聖‧雷米省的一家青年旅館同居，從此兩人就確立了相愛的伴侶關係。

阿圖色認為，埃琳娜有一種奇怪的美。她說不上漂亮，但她的姿態卻有相當的魅力，她的面孔能在瞬間由完全開放變成完全封閉的狀態，當她「開放」的時候，她極端有趣，這是使阿圖色感到迷惑和慌亂之處。她的一位友人說，那是因為痛苦使她的臉僵化了。她的整個面孔和凹陷的面頰，標誌著她沒有盡頭的痛苦，標誌著她漫長而可怕的「消極鬥爭」。通過她的聽的能力，她對人性的理解，以及她的理解的天賦，她被許多人當作朋友來珍愛。她有講故事的卓越天才，她笑時的和藹姿態是十分迷人的。她在她的朋友中還以一個體裁創新的寫信者的驚人天才而著稱，阿圖色看了她的輕快的信件以後，覺得像一條新生的河流在其堅如磐石般的河床上暢快地流淌。同時，她的手有幹過重體力勞動的鮮明標記，但觸摸起來卻令人感到驚人的柔弱，它洩露了她的傷心和無助。

二、埃琳娜的經歷

　　埃琳娜早在1930年時就參加了法國共產黨，她鬥爭性極強，曾在第15區積極活動，那裡靠近雪鐵龍汽車工廠，該廠規定只能在勞動場所之外組織工會的和政治的活動，埃琳娜因為堅定地反對一切向她挑釁的人，特別是反對法西斯主義(fascism)者的凌辱和奚落，每天把法共中央的機關報《人道報》賣給雪鐵龍工人而獲得了良好的聲譽。在這個過程中，她認識了不少卓越的鬥士，甚至遇到了法共中央領導人之一的杜克洛 (J. Duclos, 1896–1975)，她還參加了1930年2月9日的反對法西斯主義者的巷戰。1939年時，因為黨內和她聯繫的人離法去美，她失去了同黨的聯繫。脫黨後，埃琳娜一直活躍在抵抗運動的一個非黨組織「解放—南方」中。同時，為了從瑞士獲得法國抵抗運動所急需的情報、金錢和武器，她成為當時最大的畫家斯蓋拉(Skira)的法國代表，她因此幫助和庇護了許多作家和抵抗運動戰士，並因此而認識了法國文學界的許多名人，如馬爾羅、阿拉貢、伊羅阿等人，那時，這些人也未能同處在祕密狀態中的地下黨接上關係。她經常企圖同黨建立聯繫，但一直到戰後都沒有能恢復關係。阿圖色決定幫助她從由此產生的絕望、孤獨中解救出來，當他得知她也認識黨的組織的一個負責人保羅・埃魯阿時，阿圖色就安排了一次同他的會見。阿圖色熱情地為埃琳娜脫黨一事辯護，同他談了埃琳娜的許多細節，請求他進行干預，以便允許埃琳娜作為一個戰士參加到「法蘭西婦女」組織的行列中去。埃魯阿回答說：「埃琳娜確實是一個非凡的婦女，我很了解她，但她總是需要人幫襯。」談話結束後，阿圖色就到巴黎第5區的和平運動地方委員會的門口去同正在那裡等他的埃琳娜會合，事情進行得很順利。

然而，有一天當埃琳娜到金字塔路和平運動總部去領取標語時，她被一個以前在里昂就認識的黨的低級官員認了出來。這個低級官員立即報告了第5區委員會以及戴高樂派駐里昂的代表法爾格。這個低級官員說，在里昂，每一個人都知道埃琳娜叫薩賓・李特曼(Sabine Rytman)，後來改名洛根丁(Legotien)❶，她是蓋世太保情報處的代理人。這個指控立即引起了轟動。

那麼，事實真相到底怎樣呢？事實是，在戰時的里昂，埃琳娜和法共著名作家阿拉貢夫婦很熟，在整個抵抗運動期間，她都為他們帶去來自瑞士而在法國很難得到的東西，特別是為阿拉貢夫人愛爾莎帶去高筒絲襪，但帶去的絲襪，其顏色和尺寸並不都能夠符合這個要求很高的女人的意願，由此引起了阿拉貢的狂怒並同埃琳娜決裂，他也開始說埃琳娜是蓋世太保情報處的代理人。此外，在里昂是解放戰爭期間戰鬥舞臺的時候，埃琳娜是一隊非正規兵的負責人。有一次，他們抓住了一個蓋世太保的高級官員，把他鎖在他們建築物的地下室裡拷問他。埃琳娜下令一要像對待所有的俘虜一樣對待他，二要讓他活著以便從審問中最大限度地獲得對抵抗運動有用的情報，但她領導的那些非正規兵並不服從她的命令，他們快速地處決了他。消息迅速傳播開來，傳到了接近當地抵抗運動首領的裘利爾主教(Cardinal Gerlieu)的耳朵裡以後，他讓他的一名被共產黨人稱作妄自尊大的牧師助手，去讓埃琳娜解釋和交代她用來拷問這名蓋世太保高級官員的方法。埃琳娜說，他並不是由她來拷問的，但卻為那些接近裘利爾的心懷叵測者提供了口實。接著埃琳娜是蓋世太保的謠言就散布開來了，隨後是埃琳娜在1939年被開除出黨。

在黨組織的那名低級官員在和平運動總部認出了埃琳娜並向

---

❶　事實是埃琳娜因為憎恨其家庭的姓，所以由李特曼改姓洛根丁。

上報告以後，黨組織決定地方委員會的領導就此事進行審判。在審判中，他們對埃琳娜提出了極端嚴重的指控，雖然允許埃琳娜提出兩名其抵抗運動時的友人來為她作證，但無效。地方委員會在審查了所有證據以後，起草了一份建議把埃琳娜開除出黨的決議草案。當那名妄自尊大的牧師助手進來作證時，阿圖色曾經像一隻老虎似的跳起來同他進行抗爭，但當著就決議草案進行投票表決，每個人都舉起他們的手時，阿圖色的手也舉了起來，他說他早就覺得自己確實是一個懦夫了。

黨組織通過負責組織問題的書記通知阿圖色說，他應當和埃琳娜決裂，阿圖色所有的黨內同志在街上見了他都故意迴避，阿圖色所在的黨支部議事日程上唯一的一個問題，就是要「拯救阿圖色」，但是，阿圖色卻拒絕照辦。隨後，他們兩人就採取自我孤立的方式一起到海邊的一個地方去躲過這場風波。埃琳娜對阿圖色說：「歷史將證明我是無辜的。」而阿圖色則一直到後來都認為他們在巴黎經歷了一場「莫斯科審判」。

三、 埃琳娜和阿圖色的共同生活

雖然埃琳娜與阿圖色認識以後不久就發生了兩性關係，但因為阿圖色父親的緣故，在近30年的長時間裡一直沒有結婚。這主要因為阿圖色的父親十分不滿意於他的兒子同一個比他大許多的猶太女人相愛，而他的女兒則嫁給一個青年工人。他認為這挫敗了他的願望，覺得自己的子女都很「庸俗」， 決定拒不會見他的女婿和埃琳娜。對此，阿圖色作出的本能反應，便是決定等他的父親去世一年以後再結婚。後來，阿圖色的父親在1975年去世，阿圖色則在1976年同埃琳娜結婚，那年，他58歲，她則已66歲。

阿圖色認識埃琳娜的時候，她正處在赤貧狀態。阿圖色決心幫助她，可開始時自己還在念書，每月只有20法郎的獎學金，又不能求助於父母，所以，他先是幫助埃琳娜在巴黎大學索邦分校一位著名的地理學教授的家裡的頂樓小屋找到一個棲身之地，給她買了一個金屬製的、燒木柴的烘箱，又幫她在學校找到一份給學生打印論文的工作。隨後，阿圖色每天晚上都去拜訪她，直到凌晨四時才離去。

阿圖色在高等師範學校畢業後，留校任教，後來成了國內外著名的教授，埃琳娜則是一個貧窮的猶太婦女，而且年齡比他大得多，阿圖色的父親又不同意他們之間的婚姻，那為什麼他們之間的共同生活能夠維持30多年呢？根本的原因顯然在於埃琳娜對阿圖色的吸引力。據阿圖色的同學約翰遜說，阿圖色雖然看不起薩特、厭惡薩特，但對於薩特有西蒙娜‧德‧波伏瓦(S. de Beauvoir, 1908–)作終身伴侶，卻極為羨慕乃至嫉妒，所以，他要有自己的波伏瓦，而埃琳娜就是阿圖色的波伏瓦。埃琳娜對阿圖色關懷備至，阿圖色自稱埃琳娜是他的一切，他的友人也都說埃琳娜是阿圖色生活中除了母親和妹妹之外的最重要的女人。

阿圖色認為，埃琳娜是一個十分卓越的婦女，以致他們之間的年齡差距，對他來說已經不成問題。他說，她有一個清楚的頭腦，一種慷慨大度的氣質，巨大的勇氣和對世界的廣泛和多種多樣的經驗，她雖然是一個瘦小的猶太婦女，舉止卻像男人一樣，她發揮了一種特別英雄的作用，表現出格外的驚人勇氣。有一次，在從里昂去巴黎的火車上，當她被一名正在檢票的蓋世太保認出是猶太人、要予以逮捕時，她卻靠了冷靜和充分的勇敢站在那個納粹官員面前使他變得突然口吃，而挫敗了他要抓她的企圖。

　　埃琳娜把阿圖色引進了他所不認識的世界，對於阿圖色來說，這是一個只在他被隔離在戰俘營中的時候才夢想過的世界，一個團結和鬥爭的世界，一個在高度博愛原則基礎上採取合理行動的世界、勇敢的世界。反顧自己阿圖色覺得自己十分膽懦，為怕被傷害，總是對一切危險都躲得遠遠的。然而，埃琳娜卻對他說：「如果你不當俘虜，你也會加入抵抗運動的，而且你已經幾乎肯定地被殺害了，像許多其他已經被處決了的人那樣。感謝上帝讓你呆在戰俘營裡，這意味著上帝是為了我而拯救你的。」埃琳娜不僅使阿圖色也十分自豪地置身於她那個世界，而且還使阿圖色覺得自己十分年輕，不僅比自己的同齡人年輕，而且比那些較阿圖色年輕的人還年輕，以致有一天，一個30歲的女醫生給阿圖色看病、問他生日時，阿圖色說自己生於1918年，那位女醫生卻說：「那不可能，你要說的是1938年吧？你要說的是1938年吧？」

　　阿圖色覺得自己如果在心靈上年輕的話，那是因為埃琳娜比他年長、又有一種全然不同的生活經驗，而且像慈母對待自己的孩子那樣對待阿圖色，同時又像一個父親那樣，把阿圖色引進了一個他從未能進入的現實世界的廣闊領域。然而，與此同時，埃琳娜又使阿圖色發揮自己的陽剛之氣，使他像一個有男子氣概的男人那樣發揮作用，埃琳娜對阿圖色的愛又是一個女人對男人的愛。

　　在疾病上、生活上，埃琳娜對阿圖色照顧備至，她在和阿圖色首次做愛後就懷了孕，但在得悉他不希望有孩子後，就立即去倫敦做了人工流產。

　　對於阿圖色來說，埃琳娜對他的事業採取既欣賞又幫助的態度。埃琳娜在政治上唯一關心的事情是工人階級的事業，是工人階級的德行、力量源泉和革命勇氣。在她看來，阿圖色的著作就顯示

了工人階級的真正價值。關於埃琳娜對阿圖色著作的參與程度，阿圖色本人和他的友人有不同的說法。阿圖色說，雖然埃琳娜在有關黨和政治活動方面有無可比擬的經驗，但又認為自己在阿圖色的專業方面缺乏必要的知識和能力，她甚至不知道《資本論》。 所以，雖然阿圖色所寫的東西，當然要給埃琳娜看，但她從未提出過大的修改意見，她只是習慣於嘉許阿圖色的著作，或提出要加強或弱化某一特定的短語，阿圖色說他們兩人相互之間有完全的理解，她常在阿圖色所寫的東西中間發現自己的回聲。但阿圖色的同學約翰遜卻認為，埃琳娜在阿圖色的著述事業中所發揮的作用要比阿圖色所說的重要得多。約翰遜說，阿圖色在健康、教書、出版、交友方面全都依賴埃琳娜，埃琳娜修改阿圖色的著作，有時添加，有時整章整節地加以改動。在七○年代末，有一次阿圖色和約翰遜一起去倫敦，而埃琳娜去了法國南部。在此期間，阿圖色每天至少要打兩次電話給埃琳娜，阿圖色在研討會上發言時都錄了音，然後把錄音帶帶回家去放給埃琳娜聽，而且阿圖色還經常對約翰遜說自己在某些問題上有和埃琳娜商議的必要性。

四、阿圖色和埃琳娜的衝突

然而，在阿圖色和埃琳娜的共同生活裡，又並非只有和諧一致而沒有矛盾衝突的。實際情況是，隨著時間的推移，這種矛盾衝突還越來越頻繁，而其根源之一，則是阿圖色在精神方面的疾病。早在1974年時，阿圖色就接受過電震治療，五○年代以後，他經常去就醫診治並做精神分析。在巴黎高等師範學校當教師時，有時他在走廊裡叫住學生，問他們說他自己是誰，並告訴學生說他忘記了自己的名字。在1960年時，他曾出版過他所編輯和翻譯的費爾巴哈的

著作，但在事後卻說完全忘記了他曾幹過這件事情。阿圖色還是一個夢遊者，有一天晚上，當約翰遜和他的妻子正擁衾酣睡時，阿圖色忽然漫步走入其房間，把約翰遜家的留聲機唱片擺弄了一通，但在第二天問他時，他卻一無所知。阿圖色還經常處於精神沮喪狀態，據他自己計算，僅1947–1980年間就至少發生過15次精神沮喪。

阿圖色在精神方面的疾病發作以後，就產生了一種恐懼症。他把他的這種恐懼分為三類：第一類涉及怕被埃琳娜、他的精神分析者、他的男女朋友所拋棄的恐懼；第二類涉及自己被人們要求去愛，這種愛使人感到自己可能是某個人的求愛的犧牲品，或換句話說，可能某個人在「算計我」。說來歸去，阿圖色最怕策劃陰謀詭計的女人；第三類涉及把自己的本來面目，把一個只是通過計謀和欺騙才存在的無價值的人，暴露在整個世界面前。例如，1965年，阿圖色在剛剛發表了《保衛馬克思》和《讀解「資本論」》兩書之後，處在一種欣快症的狀態之中。但是，接著他就被一種恐怖的思想所纏住：怕這些文本把他的本來面目完全暴露給公眾。似乎他只是一個騙子和魔術師，一個對哲學史和馬克思幾乎一無所知的哲學家。他覺得自己雖然對馬克思的早期著作作過認真的研究，但在1964年當他舉辦一個產生了《讀解「資本論」》一書的研討班時，還只認真地讀過《資本論》第1卷，他覺得自己作為一個「哲學家」，變成了某種全然遠離馬克思的，或者像雷蒙・阿隆所說的「想像的馬克思主義」的，隨意構造的組成部分。他害怕他的觀點遭到災難性的公開駁斥。

阿圖色懷著這種情緒去看自己、他的精神分析學家，他也以此去對待埃琳娜。阿圖色總覺得在埃琳娜的旁邊，需要有各種「後備婦女」，而且還要讓埃琳娜對他的這種行動表示嘉許。因為他「需

要」這些婦女作為性愛的附加物,以補充可憐的埃琳娜本身不能給予阿圖色的東西,一些沒有受過苦的年輕肉體以及阿圖色所夢想找到的形象。

阿圖色在疾病發作時,就用交女朋友的方式對埃琳娜進行挑釁,先是他引誘一個女人,對這個女人說,他正瘋狂而熱情地愛著她。並期待他所追逐的這個女人承認這種愛,希望她如自己預期的那樣暴露她的感情。阿圖色認為,他和埃琳娜之間的溝通和親密,可以防止埃琳娜會因此而對他有意見,他還要埃琳娜盡可能地會見他新的女友,然後像一個好母親那樣給他以嘉許。但在實際上,埃琳娜從未有過像一個好母親那樣的感覺,倒不如說她把自己當作一個可怕的人和一個潑婦。她的反應最初是忍耐和沈思,漸漸地變成為批判,並在最後突然變得武斷和粗魯起來。她並不是嫉妒,相反地她要他成為「自由地」、忠誠地,她尊重他的每一個願望和需要、甚至他的怪癖,但當最初的容忍一旦消失,她就變得明顯地著迷於成為一個潑婦的可怕幻想,她屈服於他的不可相信的挑釁並按其內在的恐懼而行動,這只是既愛又恨的矛盾心理的又一個例子。

過後,埃琳娜會苦苦責備自己,並經常告訴阿圖色說,你可以按照你希望的那樣行動,但有一個條件,就是不要跟我談自己的戀愛故事,但看來阿圖色不能遵循她平靜而理性地提出的這種明顯而合理的忠告。阿圖色還是不斷地邀請其女友到家裡來同埃琳娜會面,埃琳娜可怕地忍受著,她從經驗中認識到他的狂躁症預示著病情加重,她知道阿圖色將沈溺到一種沮喪狀態中,給他自己和埃琳娜都帶來痛苦。

有兩次阿圖色還把埃琳娜置於令人喪膽的痛苦之中。一次是他們兩人同某些朋友一起共進晚餐的時候。在那些友人中有兩個是以

前從未見過面的，但突然間阿圖色對那個以前從不認識的漂亮婦女提出建議說，他和她能夠而且應該在那裡做愛，然後坐在桌上面對其他人，這個婦女很機巧地避開了阿圖色的建議。另一次是阿圖色和埃琳娜住在聖·特魯比他的某個離家外出的友人的家裡時，阿圖色邀請一位政治朋友去看自己，這個朋友帶了一位非常有吸引力的年輕女人來赴約，阿圖色把自己的一份手稿交給那個友人去閱讀，而自己則在餐間當著埃琳娜的面又向那個女人提出了與上次同樣的建議。雖然在餐桌上沒有發生什麼事情，但阿圖色卻把那個女人領開，並開始耍流氓行為，撫摸她的胸部、她的胃和她的生殖器官，那個婦女雖稍有吃驚，卻讓他那樣做了。隨後，阿圖色又提議和那個女人一起到海邊沙灘上，阿圖色要那個女人和他一起下海裸泳，這時埃琳娜已經嚇得尖聲大叫了，阿圖色和那個女人游出了一小段距離時，看見埃琳娜已完全被恐慌所壓倒，她正沿著沙灘大喊大叫地走著；阿圖色和那個女人又游到波濤中並被衝來的浪帶到遠處，經過兩個小時難以置信的努力才回到岸邊，但那時，埃琳娜已消失不見了。由於周圍並無房屋，阿圖色開頭還以為她是去求援了，經找了好半天，才在一個離沙灘有某段距離的水邊找到了埃琳娜。她已變得難以辨認了，身體歪曲成一張弓似的，並歇斯底里地顫抖著，她的面孔變得像一個老太婆的臉一樣並沐浴在眼淚中。阿圖色把她摟了過來安慰她，告訴她夢魘已經過去，而他已安全，但她既不看他，也不聽他，經過好長時候，她才粗聲告訴他：「你壞透了！我們之間已經完結了！我永遠不要再看見你！我一刻也不能忍受再和你一起生活！你是一個膽小鬼、一個雜種，一個該遭神罰的雜種！」阿圖色叫那個青年婦女趕快離開，經過兩個多鐘頭的勸慰以後，埃琳娜才同意和阿圖色一起回到他們住的屋子裡，但仍哭泣和發抖著。

以後，他們再也沒有提到過這一可怕的事件，但她幾乎肯定永遠也不原諒阿圖色。阿圖色漸漸認識到埃琳娜所真正害怕的，並不是他溺死於海浪之中，而是她將死於阿圖色這種可怕而神經質的挑釁行為中。事情最後終於發展到阿圖色掐死了埃琳娜。

五、阿圖色掐死埃琳娜的原委

那麼，阿圖色和埃琳娜之間的矛盾衝突，怎麼會發展到把她掐死的呢？對此，要用阿圖色本人的疾病發展過程來加以說明。

在1979–1980年間，阿圖色和埃琳娜從希臘第二次、也是最後一次旅遊回巴黎時，還十分快樂，但後來的情況卻變得越來越壞。在開始時，在反思了自己關於馬克思和馬克思主義的著作的定義得狹隘的界限，以及從其反理性主義(anti-rationalism)的自我批評中引出實際結論的需要之後，阿圖色提出組建一個研究團體的建議，這個團體不是要去繼續研究一種特定的社會和政治理論，而是要把「民眾運動」和它們獲得或接受的意識形態，以及它們所信仰的理論學術之間不確定的重要關係這個課題上的大量的比較要素搞到一起。就是說，阿圖色建議民眾運動的實踐方面以及它們同過去和現在在歷史上同它們聯結在一起的意識形態和理論學術之間的關係。後來，這樣的研究團體以「民眾運動，它們的意識形態和理論學術研究中心」的名稱建立起來了，高等師範學校的負責人支持阿圖色並給了他一些基金，政府部長也答應給他一些資金，阿圖色還獲得了上百位具有不同興趣的歷史學家、社會學家、政治科學家、經濟學家、認識論專家、哲學家的合作。到了1980年3月，阿圖色還在高等師範學校就此舉行了一個開幕會議，某些團體並已開始工作，他們還打算就西方工人運動、伊斯蘭、中國、基督教以及農業社會等非常

不同的「案例」進行研究，以獲得比較的結果。

　　但就在這時，阿圖色的一二個親密友人感到他正處在輕度狂躁狀態，擔心情況會更加惡化。阿圖色則說，在事實上，他在1979年底就已經開始忍受食道方面的劇痛了。艾迪納醫生 (Dr. Etienne) 先是用內窺鏡對他的食道進行窺視，然後給他照X光，發現有赫尼尼裂縫(hiatus hernia)，並確定了兩個手術日期。但阿圖色預感到麻醉會擾亂一切，所以兩次都推遲了，最後，在醫生的堅持下，還是做了手術。

　　從技術上講，給阿圖色做的手術是成功的。但是由於在手術中用了大量的麻醉劑，以致阿圖色在醒來時感到處在不可控制的煩惱狀態中。而且這兩者結合在一起，還使阿圖色逐漸在新的沮喪中患了一種典型的和尖銳的憂鬱症。到了1980年6月1日，阿圖色的情況越來越壞。他的精神分析醫生為了使埃琳娜免得每天花三個小時奔波於地鐵和醫院之間，這次沒有讓阿圖色像往常那樣去住凡雪納特診所，而讓他住進了巴古－索列士診所。對於埃琳娜來說，她要忍受阿圖色處在沮喪、輕度狂躁等症狀的煩惱的全部負擔，而在阿圖色住院以後，她又要每天去醫院探視，然後懷著憂慮單獨回到空屋中。尤其不能容忍的是，阿圖色的友人不斷打電話去詢問阿圖色病情的詳細情況，卻無人問及她的情況、她的不愉快的精神狀態。這對她來說，是一種折磨，她還把這看作是缺乏理解和她所難以忍受的不公正。

　　另一方面，在1980年6月–9月間，阿圖色在這家陌生的診所內又處在非常惱人的情況下，非常難以接近的醫生給阿圖色開了一種叫做尼阿米地的藥丸處方，這種藥丸因為伴隨有危險的副作用而很少被使用，它使阿圖色很快就處於嚴重混亂的精神狀態，產生幻覺和「自殺

的」困擾。事後有醫生認為，對阿圖色的手術和對他實行的強麻醉，對阿圖色體內系統產生了「生物學上的休克」(biological shock)，它嚴重地擾亂了他體內的「生物平衡」。

　　無論如何，阿圖色已滑入到半意識之中，而且經常處在完全無意識和混亂的精神狀態中，他已不再能控制自己身體的運動，整天嘔吐；他已不再能清晰地看東西，而且彷徨失控；他說話混亂，經常想著一句話卻說出了另外一句，好像他已不再能遵循或糾正他的感覺；他更不能寫，並只能說一些語無倫次的話，他在醒著的時候都有可怕的夢魘，就是說，他按照夢中的課題和邏輯行事，把夢中的幻想當現實。當他清醒的時候，他也不能區分夢的幻覺和簡單的現實，他絕對相信有些人要他死並準備殺他，他甚至認為在他屋子的隔壁正有一個法庭要判他死刑，有時他又認為有一些荷槍實彈的人帶著望遠鏡正從對面建築物的窗子中監視著並準備射殺他，有時他又認為「紅色旅」(Red Brigades)❷已判他死刑，並將在白天或夜間闖進屋裡來。這種病理學範型還伴隨著自殺的趨向。在被判死刑和被處決的威脅下，阿圖色覺得自己面前只有一條路可走，就是預先進行自殺。於是，他想像了各種可能的自殺方式，而且不僅要從肉體上摧毀自己，還要摧毀自己存在的所有痕跡，特別要摧毀他的每本書，所有的筆記，也要燒掉高等師範學校，「如果可能的話」，還要除掉埃琳娜。

　　鑒於長期處在這種狀態，診所的醫生決定停藥，新的診治方法顯得是成功的，不久以後，醫生們覺得阿圖色已經好了、可以離開診所回學校了。然而，阿圖色的友人卻認為阿圖色離開診所時正處在非常壞的狀態。阿圖色和埃琳娜去海邊療養了8-10天回家後，情

❷　意大利的一個恐怖主義組織。

況果然越來越壞，接著就開始了阿圖色和埃琳娜共同生活中最壞的時期。

阿圖色說，他不知道自己在這個時期裡對埃琳娜做了什麼事，但她卻果斷地告訴阿圖色說，她不再能和他一起生活，說在她眼中阿圖色是一個「怪物」，她要離開他。她開始十分公開地出去找一套房子，但沒有立即找到，於是她就做出阿圖色認為是不可容忍的實際安排。雖然阿圖色還在那裡，而她卻全然忘記了他還在他們自己那套房子裡。接著，埃琳娜在阿圖色面前梳妝打扮，然後整天不照面；而如果碰巧還呆在家裡時，她又拒絕和阿圖色說話，她或者躲到她的臥室裡或者跑到廚房裡去，使勁關上門，不准阿圖色進去，她還拒絕和阿圖色一起吃飯。

接著，埃琳娜又對阿圖色說，由於他這個「怪物」把非人的痛苦強加於她，因而她除了殺死自己之外別無出路。她十分公開地搜集為自殺所需要的藥物，並讓它們陳列在桌子上，她還用粗暴的方式說到別人如普蘭查斯最近的自殺，她也談到自己鑽到卡車或火車底下去自殺的可能性，好像把選擇交給了阿圖色。她還以十分果斷的語氣跟阿圖色說話，使他不致懷疑她的意向並不是一種空洞的威脅，而是一個不可逆轉的決定，只是選擇方法和時間罷了。有一天，埃琳娜還直截了當地要求阿圖色去殺死她，這使阿圖色震顫不已，他想，這是否是在以某種方式告訴他，她不僅不能拋棄他，也不能結束自己的生命呢？阿圖色想，隨著時間的推移，她將會像過去多次發生尖銳危機時那樣冷靜下來，接受她真正需要的東西：不是拋棄阿圖色，不是自殺，而是繼續和阿圖色一起生活，繼續像過去那樣愛戀阿圖色。

使上述情況進一步加劇的另一個因素是，阿圖色和埃琳娜一起

把自己關在他們的私人巢窟裡，他們不再接電話，不再聽門鈴，甚至在門上貼了個手寫通知說：「暫時不在，請勿敲門。」然而，給阿圖色做精神分析的醫生還是進行了干預。按規定，阿圖色在11月15日必須去看他，他對阿圖色說，這種情況不能再繼續下去了，阿圖色必須同意到醫院去治療，並說他已經和凡雪納特診所聯繫好，過兩三天讓阿圖色去住院。但後來發現，埃琳娜曾在11月13日或14日去找過阿圖色的精神分析醫生，要求他把阿圖色的住院日期延遲三天，醫生答應了她的請求，就是說，除非發生了什麼事，阿圖色將在11月17日住院。直到很久之後，阿圖色才發現他在學校的信箱中有一封在14日午後由阿圖色的精神分析醫生寄來，要埃琳娜立即給對方打電話的快信。但不知什麼原因，這封信在17日才送到學校信箱裡。

然而，在11月16日早晨9時，阿圖色發現自己站在自己床的一頭，穿著一件長袍，而埃琳娜則在他面前伸展著肢體，他不斷地觸摸其頸部，他的前臂為此而感到劇痛。於是，阿圖色感到埃琳娜靜止不動的眼珠、她露在唇齒之間的舌尖都表明她已經死了。接著，就出現了本書第一章開頭敘述的阿圖色在學校庭院裡尖聲喊叫的那一幕。

那麼，埃琳娜到底是怎樣被阿圖色掐死的呢？阿圖色把上述發病結果告訴了一位認識他們夫婦已有很長時間的醫生朋友，並且問他：在11月16日那天，他和埃琳娜之間到底發生了什麼事情，以致造成這樣一件駭人聽聞的謀殺？這位醫生朋友說，這是由一組特別的事件湊在一起造成的，其中有些事件純粹是偶然的，其他的則不是，然而，整個結構卻不是能夠預見的，但如果……那麼，花很小的代價就能避免事件的發生。他認為這裡有三樣東西很突出：

第一，一方面，正如三個專家醫生已指出的，阿圖色正處在一種「痴呆狀態」中，所以不能對自己的行動負責。阿圖色那時正忍受著精神混亂和幻覺，無論在行動前還是在行動時，都全然不知道自己正在做的事情。阿圖色在深層次上處在劇烈的憂鬱症狀態，所以不能對他所做的事情負責，這說明了阿圖色被宣告免於起訴的原因，這是法律針對這樣一些案例作出的規定。第二，另一方面，有一件事情打動了那些作調查研究的警察：在阿圖色和埃琳娜的臥室，或在阿圖色自己的床上，都沒有混亂的跡象，埃琳娜的衣著也沒有任何雜亂的跡象，埃琳娜脖子上沒有被掐死的任何標誌，也沒有被記者當作假設用來說明被扼死的外部標記。第三，最後，阿圖色和埃琳娜兩人單獨住在一套房子裡，不僅在此前10天中是這樣，而且在那天早晨也是這樣，顯然沒有別人在那裡進行過干預。而且由於某種原因，埃琳娜沒有做出保衛自己的努力。有人十分正確地作出評論說，當時阿圖色處在混亂和失去知覺的狀態，要是埃琳娜好好地給他一拍，或做出某種認真的努力，就足以撥動阿圖色失去知覺的神經，或至少足以停止阿圖色的無意識活動，那麼事件的整個進程就會有所不同，但她沒有那樣做。這是不是意味著她知道她即將來臨的死亡、並希望死在阿圖色的手中，從而消極被動地讓自己被殺害？這不能被排除。還是相反地，這意味著阿圖色知道脖子極端的嬌嫩，只要最輕微的打擊就足以斷裂軟管和小骨頭，從而招致死亡？從根本上說，這也不能排除。還是阿圖色要幫她實現其最熾烈的自殺願望，以致無意識地滿足了她？這就是被稱作「經過一個中間人的自殺」或「利他主義的自殺」，這種自殺在阿圖色那種劇烈的憂鬱症的情況下是可能會發生的，這也不能予以排除。

那麼，在這些各不相同的假設中間如何選擇呢？在這些環境中，

幾乎任何東西都是可能的。但任何一個假設都不是絕對確定的，因為要有許多因素結合在一起才能觸發這一悲劇事件，而從根本上說來，它們既在主觀上是複雜的和無法確定的，又在客觀上也多半是不確定的。例如，要是埃琳娜不去要求阿圖色的精神分析醫生推遲三天送阿圖色去住院，而是在14日就把他送去住院，那會發生什麼？埃琳娜提出推遲三天送阿圖色去住院的請求的深層次理由是什麼？而且首先，要是阿圖色的精神分析醫生在14日發出要埃琳娜立即回電的那封信，不是在悲劇發生後的17日送達，而是在14日晚上或15日早晨送達，那又會發生什麼？顯然在那些情況下事情就會有所不同了。較為精心推敲的一個假設可能是：阿圖色掐死埃琳娜，是因為他生活在他自己的自我摧毀的幻想中，而這種自我摧毀，在邏輯上包含有摧毀他的著作、他的名聲、他的精神分析醫生，以及還有總括他整個生活的埃琳娜。

然而，根據阿圖色自述的上述情況，約翰遜卻認為，情況很可能是：埃琳娜同阿圖色的精神分析醫生討論阿圖色的健康問題，而阿圖色有病的頭腦卻認為這是對他的背叛。埃琳娜決定離開阿圖色，於是摧毀埃琳娜就是阿圖色憤怒、再混雜以猜疑和恐懼的較為傳統的表現；同時，藥丸也具有有害的效果。

六、阿圖色撰寫自傳說明真相

在阿圖色精神病嚴重發作、掐死其妻子的消息披露以後，法國國內外傳播媒體以大量的篇幅加以報導和評論。有些人不僅譴責阿圖色，而且把矛頭指向阿圖色曾經致力研究的馬克思主義、共產主義、哲學以及阿圖色曾經工作過的巴黎高等師範學校。這種譴責主要集中在五個話題上：一曰馬克思主義等於罪行；二曰共產主義等

於罪行；三曰哲學等於瘋狂；四曰讓一個瘋了很長時間的瘋人在長達30多年的時間裡，在高等師範學校一代一代地教育那些現正在各地公立中學引導「我們的兒童」的哲學家，這是一件醜聞；五曰「當局」公開保護一個犯了罪的個人，這是一件醜聞。想想要是一個普通的阿爾及利亞人處在同樣的環境下會發生什麼事情？諸如此類的評論，使阿圖色覺得只有把事情真相以自傳的方式寫出來，他才能重新出現在公眾之中。

事實上，在1982年冬，當阿圖色因殺妻住進精神病院後，第一次獲准住到醫院外面來的兩個月中，他就在所寫《遭遇的唯物主義》的哲學手稿一開頭對此有所說明：「在從三年可怕的痛苦時期中出來以後，我在1980年10月寫這本書。我知道，如果我認為會對其他事件、對環境本身以及我所忍受的精神病等等有所說明的話，或許有一天，我將描寫它。事實是，在1980年11月劇烈的和不可預見的精神混亂狀態中，我掐死了我的妻子，她對我來說意味著一切。她非常愛我，自從她不能繼續活下去以後，她就要去死，我必須做她所要的事情，對此，她沒有抵抗，這導致了她的死亡。」

1982年底阿圖色重新住進醫院以後，精神更加沮喪。1983年7月他又被送到法國東部，9月回到巴黎北部他的住所內，由友人日夜守護。正是在此期間，阿圖色看到了有一個名叫克勞德・薩拉郁特(C. Sarraute)的人在1985年3月14日的《世界》上發表的題為〈輕微的飢餓〉一文，它直接觸發了阿圖色撰寫自傳以說明真相的動機。

〈輕微的飢餓〉一文，大部分是寫一個年輕的荷蘭姑娘，如何被一個有吃人肉習性的日本人所謀殺，以及那個日本人就這一罪行所寫的書在日本享有成功的情況。這個日本人在被宣布為「不適於辯護」，在法國精神病院住了一個短時期以後，被送回了他自己的

國家日本。薩拉郁特在此文中順便提到其他案件說：「……一旦我
們在媒體中發現某個如阿圖色那樣的名人被捲入到某個有趣的審判
中，我們在其事上面不惜筆墨，而在另一方面，卻只把兩行文字給
予犧牲者，有罪的一方是抓住標題的人。……」阿圖色的若干友人
勸告他對此文所說「有趣的審判」提出抗議。但阿圖色卻和他的另
一些友人一致認為，在某些方面，薩拉郁特把手指向了關鍵性問題，
對於阿圖色來說，沒有「審判」的戲劇性問題，是宣告不適於辯護、
免於起訴的結果。

　　於是，在1985年3月19日，阿圖色寫給他的最親密的友人之一
多米尼克·勒高(D. Lecourt)的一封信（沒有發出）中說，要是不通
過寫自傳，說明悲劇的經過和原因以及他被警察、法律和醫生對待
的那種方式，那麼，他就不能重新出現在公眾之中。

　　1985年3月，阿圖色決定用他的觀點來講那個「故事」以後，
他就寫信給他的若干在國外的友人，請他們把他們國家1980年11月
以後出現的對他進行亂砍亂削以損傷他的所有報紙都寄給他，他也
要求其友人把同樣的法國報紙都寄給他，並要求其友人搜集關於同
宣布某人不適於辯護、免於起訴的決定相伴隨的法律問題的有關文
獻，還有1838年刑法典第64條以及專家們關於精神病問題的意見。
此外，他還請某些密友讓他擁有他們在這個時期內的日記，或者為
他描寫他已經部分地遺忘了的某些事件；他還詢問他的精神病學家
和精神分析學家關於他所接受的治療、他所吃的藥丸；他還積累了
範圍廣泛的事件、事實、評論、反應和引證，個人的、政治的和精
神分析的隨機評論等等，他把所有這一切當作他寫作自傳性的《未
來延續了一個漫長的時間》的預備材料。

　　自傳性《未來延續了一個漫長的時間》手稿雖然有A4複印紙323

頁之長，卻只寫了幾個星期，即從1985年3月到4月末或5月初。5月
11日他把標題為《未來延續了一個漫長的時間》，副標題為《一個
謀殺者的簡史──從黑暗到破曉》的手稿，交給其友人米歇爾‧盧
阿(M. Loi)，5月30日又打出了一個修訂本。❸

　　1985年，阿圖色又處在輕度狂躁的另一次劇烈發作的邊緣，又
被送進醫院。此後，阿圖色經常在醫院內進進出出。同時，有少數
忠誠的友人（其中包括德布雷）有規則地去探望他。他還接受過少
數關於哲學和心理學的訪問，有時他還偶爾寫信給報社，抗議他的
著作遭到誤解，或抗議未經授權就發表他的著作的某些部分。除了
讀一些別人所寫有關他的書以外，他還常常絕望地漫步在巴黎北部
街頭，作為一個衣衫襤褸的老人，他走著走著就大喊一聲「我是大
阿圖色！」讓行人們大吃一驚。

　　1990年10月22日，阿圖色死於心臟病發作，享年72歲。

---

❸　這個手稿的材料在1991年7月被發現以後，阿圖色的外甥和唯一的繼
　　承人弗朗索瓦‧波達爾特(F. Boddaert)決定作為在其檔案材料中找到
　　的未發表著作的死後版第1卷，於1992年在法國出版。

第八章　結構主義馬克思主義的影響

儘管阿圖色建構的結構主義馬克思主義，隨著他在七○年代後半期宣告馬克思主義的危機而趨於衰落，阿圖色本人更因為在1980年精神病嚴重發作、掐死妻子、被送進精神病院而弄得身敗名裂，但是，結構主義馬克思主義畢竟代表了西方馬克思主義發展中的一股重要思潮，在法國乃至國際上具有廣泛而深遠的影響：它在世界範圍內具有著眾多的追隨者，阿圖色以及他的著作和理論長期以來都是人們發表肯定性和否定性評價的熱門話題，而阿圖色所提出的種種問題，在相當長的時間內一直是國際學術界熱烈討論和爭論的重要對象。

一、阿圖色的追隨者

由於在二十世紀六○年代的法國，人們對二戰以來一直占據統治地位的存在主義哲學的主觀主義已經感到厭倦，在國際共產主義運動中，人們也對長期流行的教條主義、個人崇拜強烈反感，迫切需要找到一條擺脫它們的出路，而阿圖色的結構主義馬克思主義則正好聲稱要對蘇共領導在譴責個人崇拜中所未曾解決的問題作出積極的回答，就是說，要用純科學去排除馬克思主義中主觀的意識形態因素，要按照結構主義的精神去使馬克思主義現代化，因而，在

六〇年代初期至中期就風靡一時，巴黎高等師範學校的一些新左派
大學生在上課時往往跑步衝進教室，以便搶占一個好的位置去聽阿
圖色講課，他們還把阿圖色的著作稱作是「馬克思主義的文藝復興」；
同時，由於阿圖色反對社會民主黨和共產黨內的一切改良主義做法，
因而他所吸引的追隨者還越出了法國國界，他的著作在第三世界一
些國家反帝反殖的氛圍中流行起來。

有的西方學者認為，阿圖色的著作之所以得到流行，是因為他
們試圖創造一種能夠把馬克思主義同危害它的各種形式的還原主義
（經濟主義、自發主義）分割開來的概念，是因為這些還原主義不
能理解革命社會主義運動所面臨的各種現實，而阿圖色卻用多元決
定和其他有關概念做到了這一點，阿圖色鼓舞人們去研究任何一國
或整個世界的矛盾的複雜性；有的西方學者則把阿圖色的理論看作
是針對主體的至高無上的權力的、針對存在主義的解毒藥。

阿圖色在法國的追隨者，首先在法國形成了一個鬆散的阿圖色學
派。這個學派的著名成員，在人類學方面有高迪里埃(M. Godelieu)、
泰雷(E. Terray)，在哲學方面有巴利巴爾和很快走向幻滅的格魯克
斯曼，在文學批評方面有馬歇雷，在政治理論方面有普蘭查斯等
等。

由於阿圖色還跟國外的革命鬥士進行政治通信和聯繫合作，因
而他在國外也有眾多的追隨者。在這方面最突出的是曾經跟格瓦拉
(G. Guevara) 一起在拉丁美洲搞游擊戰，後來擔任法國總統密特朗
的顧問的德布雷。德布雷認為阿圖色對馬克思列寧主義做出了最偉
大的貢獻，並把阿圖色的概念運用到拉丁美洲的政治鬥爭中去，他
覺得阿圖色在〈矛盾和多元決定〉一文中，比任何別人都更好地說
明了歷史的辯證結構特別有用。拉丁美洲的萊吉斯也跟阿圖色建立

了密切聯繫。

受阿圖色著作影響最深的研究領域之一，是政治理論和國家學說的領域。在這個領域中，首先是法籍希臘共產黨人學者普蘭查斯，在其第一部著作《政治權力和社會階級》一書的導言中，概述了阿圖色關於辯證唯物主義、歷史唯物主義、理論生產等問題的見解，以及這些見解在生產方式和具體社會形態方面的應用。此外，瑞典共產黨人社會學家戈蘭・臺爾波恩也是阿圖色在這個領域中的主要追隨者之一，他在阿圖色對歷史唯物主義的解釋的影響下，就現代資本主義的社會關係，封建主義、資本主義和社會主義制度下的國家機器和國家權力，無產階級專政，發達資本主義國家中社會主義革命和民主的關係，意識形態的作用等問題，發表了一系列專題論著。例如，在《政權的意識形態和意識形態的政權》一書中，臺爾波恩從批判地評價阿圖色六〇年代後期關於意識形態問題的論述入手，提出一種認為人類主體是通過「隸屬」和「限定」這雙重的意識形態過程而形成的理論。

在意識形態的領域中，英國社會學家約翰・厄爾雷把阿圖色的思想和葛蘭西的思想綜合起來，發表《對資本主義社會的剖析：經濟、市民社會和國家》一書，他不把意識形態看作像政治、經濟那樣的社會形態中的一個獨立領域，而認為意識形態是由市民社會的多種實踐產生的「結果」，並對基礎和上層建築、政治和意識形態等傳統的馬克思主義概念表示異議，認為這些概念對於理解當代社會不適用。

在文藝理論和文藝批評領域內，在阿圖色的影響下，皮埃爾・馬歇雷分析了文學的性質和文學如何產生的問題。他在《關於文學生產的理論》一書中依據阿圖色關於社會實踐和生產的見解、關於

意識形態的見解，創立了一種關於文學生產的理論，認為作家是把某些特定原料加工製作成為一種新產品的生產者，這種新產品是藝術，而藝術是社會的意識形態層次的一個組成部分。

文化藝術的創作者和理論家廣泛閱讀和討論阿圖色的著作和《馬克思列寧主義手冊》雜誌。在法國受到熱列歡迎的電影導演尚·盧·高達(J. L. Godard)深受阿圖色讀解《資本論》方法的影響，試圖在影片攝製中加以模仿，並極力教導其觀眾去「讀解影片」。

在英國的文化、理論領域中，阿圖色的著作和思想深深影響了英國《新左派評論》雜誌的許多編輯，還有《理論實踐》、《屏風》、《紅色文學》、《工人文化研究報》等報刊雜誌，其中有的出專刊、有的則經常發表論述阿圖色觀點和有關意識形態理論的文章。還有像《銀幕》、《銀幕教育》等雜誌則在阿圖色的影響下，依據以符號學為中心的理論體系來論述電影、搖滾音樂、色情畫和電視。

應用阿圖色的理論研究婦女問題的作者，最著名的是《新左派評論》的編輯朱麗葉·米切爾(J. Mitchell, 1940–)，她是英語世界中最先認識到阿圖色著作對研究當代資本主義制度下婦女狀況有重要作用的人物之一。米切爾在 1965 年發表的〈婦女：最長久的革命〉一文中，吸取了阿圖色關於社會結構、經濟、政治和意識形態相結合以及多元決定和斷裂統一體等概念，把生產、再生產、性別和兒童的社會化確定為構成資本主義制度下婦女狀況的複雜統一的四大結構。而在題為《婦女地位、精神分析和女權主義》一書中，米切爾又用阿圖色對待馬克思學說的方法來認識弗洛伊德的學說。此外，巴西的哲學、科學和文學教授海耶特·薩費奧蒂也從阿圖色關於意識形態問題的論著中吸取靈感，批判地運用其中一些觀點來研究拉丁美洲的婦女和階級問題。

在人類學領域中，除第一代結構主義馬克思主義人類學家高迪里埃是阿圖色創建結構主義馬克思主義的同伴以外，第二代人類學家的著名代表伊曼紐爾·泰雷、皮爾·菲列浦·雷(P.-F. Rey)也認真採用阿圖色的體系。例如，泰雷在其《馬克思主義和「原始」社會》一書中，就揭示了阿圖色規定的歷史唯物主義基本概念對前資本主義社會的有效性，並批判地評價了路易·亨利(L. Henry)、摩爾根(L. H. Morgan, 1818–1881)以及克勞德·梅拉蘇根據阿圖色的框架所寫的著作。在阿圖色的影響下，皮爾、菲列浦·雷在研究剛果社會時，進一步發展了阿圖色的概念框架，並通過對剛果社會具體的革命因素的有機結合的考察而豐富了人類學。

二、肯定的評價

隨著阿圖色影響的擴大，人們對結構主義馬克思主義的肯定評價也日益增多。有的說，阿圖色的著作，特別是1962–1966年的研究和出版物，對馬克思主義見解的透徹性以及這一學科的復興做出了貢獻，它的重要性甚至連詆毀他的人也是承認的；有的說，阿圖色是把人們從對馬克思主義的官方注釋者的乏味的重複中解放出來並恢復馬克思主義創造力的人。他向人們提出了一種對馬克思著作的「對症讀解」，這就把人們從看起來已經喪失活力的單調乏味的口頭禪中解放了出來；有的說，儘管阿圖色對馬克思的解釋，離開馬克思本人的原文十分遙遠，可以說已經導致對於被人們所接受的關於馬克思主義的本質的思想的徹底改鑄，但那是因為他認識到了馬克思觀點的多元性，因而就把馬克思改鑄成在科學的意義和政治的意義上最革命的馬克思，而且阿圖色的邏輯鼓舞我們去研究任何一國或整個世界矛盾的複雜性，他批評表現因果觀的虛假的單一性而

強調多元決定的矛盾的插入，為一種國際主義的政治提供了認識論上的出發點。法國有一個青年左翼主義集團，把阿圖色的著作和馬克思、列寧、盧森堡、普列漢諾夫、考茨基、毛澤東、格瓦拉等人的著作一起列為必讀叢書。

然而，對阿圖色及其著作和思想，提出詳細而系統的肯定評價的，其典型代表當推美國學者埃里克森(W. Ericson)，他在1982年第30期美國《理論評論》雜誌上發表題為〈阿圖色與革命馬克思主義的復興〉的長篇論文，對此作了詳細的闡述。

埃里克森認為，總的來說，阿圖色的著作是從左翼的角度批評史達林時期的錯誤，公開同右翼對史達林的批判相對抗，同時又從左翼的角度說明並有力地論證馬克思主義的科學性質。特別是對馬克思主義哲學，阿圖色的貢獻是非常巨大的，在歷史唯物主義方面、尤其是在意識形態和國家學說的領域中，他提出了一些最有意義的見解。如果說馬克思只是奠定了革命馬克思主義理論的基石的話，那麼，阿圖色則在恩格斯、列寧、葛蘭西和毛澤東所作貢獻的基礎上，促進了這一理論的某些關鍵要素的發展，從而使之得到更加完善的確立。

埃里克森說，從本世紀二〇年代後期以來，除了少數例外場合，馬克思主義一直未能堅持科學分析同政治戰略問題之間的必要聯繫，往往只是用最一般的方式來對待這些問題。而在教條主義公式化期間，不僅科學與政治之間的基本聯繫喪失了，而且連任何發展所必須的「自然分析」和內在評價構成也停滯了。到了1956年「馬克思主義的危機」戲劇性地公開爆發以後，國際社會主義運動中出現了新的自由局面，共產主義的反對派從這種局面中得到了好處。正是在這長達幾十年的危機的猛然迸發中，作為一名共產主義哲學

家、政治學和認識論教師的阿圖色達到了他的成熟期。在客觀上出現了對整個馬克思主義理論做出革命性貢獻的可能性的時候，阿圖色抓住時機，給全世界的革命者提供了一套靈活有用的知識。

埃里克森從馬克思主義發展史上評價阿圖色的貢獻說，馬克思創立歷史唯物主義，這是史無前例的政治和理論事件；列寧同第二國際決裂，使社會主義的理論和實踐得到革命的復興；毛澤東同第三國際決裂，使中國革命進程得到了新的生命；而阿圖色為解決1956年以來「馬克思主義危機」所作的現實鬥爭和貢獻，則為實行革命的科學和政治的全新實踐提供了基礎。具體地說來，埃里克森認為阿圖色在發展歷史唯物主義和馬克思主義政治學方面有五大貢獻：

第一，阿圖色使馬克思主義的基本理論概念從史達林統治的漫長黑夜中所處休眠狀態裡蘇醒過來，並重新肯定這些概念在科學分析和革命策略中的極端重要性。埃里克森說，在二十世紀三〇－四〇年代，哺育和培養了一代共產主義戰士的史達林的《辯證唯物主義和歷史唯物主義》這一所謂「馬克思主義哲學基礎簡要說明」，實際上是一本充滿了經濟決定論、進化論和機械唯物論的內容貧乏的著作，它把歷史的發展歸結為技術的發展，而抹煞階級鬥爭的作用；它看不見各種現實社會形態的複雜性，使革命馬克思主義的理論概念和哲學概念成為呆滯無用的廢物。而阿圖色的著作則不僅給辯證唯物主義和歷史唯物主義本身規定了新的一般定義，而且重新闡明了社會實踐、矛盾、生產關係和變化過程這類較為具體的概念，從而使這些領域重新恢復了生機。

第二，阿圖色猛烈抨擊了被共產主義運動的某些領導人奉為馬克思主義萬古不變原則的非科學觀念。在實際上，這些所謂萬古不

變的原則往往是被用來粉飾現實、重建壓迫和剝削的社會關係，而不是產生新的和具有解放作用的社會關係。

阿圖色使反對把生產關係的發展視為歷史動力的鬥爭獲得理論內容；阿圖色還提出一種闡明意識形態的本質和作用的理論，來取代那種長期束縛許多革命者的工具主義意識形態學說，這種工具主義學說把反工人階級的思想意識簡單化地看作是資產階級隨意創造和杜撰出來、用以分裂工人運動的工具；在組織問題和政治問題方面，阿圖色也提出了一些基本原則來反對史達林在民主集中制結構中使集中凌駕於民主之上的偏向。

第三，阿圖色強烈批評了被某些人力圖列入科學馬克思主義範疇的、馬克思早期著作中所包含的非科學觀點。埃里克森說，阿圖色在反對史達林主義偏向的理論、政治鬥爭中所作的貢獻，不僅在清算二十世紀三〇－四〇年代中馬克思主義的主要傾向有決定性作用，而且也對五〇－七〇年代馬克思主義理論中的種種偏向提出挑戰。阿圖色還提出一些基本原理來維護馬克思思想中發生的「認識論上的斷裂」，為維護馬克思在《關於費爾巴哈的提綱》和《德意志意識形態》中最先提出、並在其一生中進一步闡明的分析歷史的新的科學框架，而反對作為青年馬克思以及「馬克思主義人道主義」維護者的核心主題的種種非科學觀念。

第四，阿圖色明確闡述了包含在馬克思、列寧、毛澤東的著作中但尚未得到具體闡明的一些潛在的理論觀念和政治觀念，提出了一些以各種形式存在於實際狀態中的觀念，並使它們上升到應有的理論高度，使人們可以有效地把它們應用到政治實踐中去，如阿圖色從列寧著作中抽引出用以推進革命政治實踐的「情勢分析」觀念，從列寧、毛澤東哲學著作中引申出哲學是理論領域中的階級鬥爭的

觀念。

第五，阿圖色提出了一些適應於理論實踐和政治實踐又為當前需要的全新觀念。埃里克森認為，阿圖色從弗洛伊德、拉康、巴歇拉爾和結構主義的不同著作材料中，為馬克思主義創造了分析自身的理論實踐的、從而在當代推進了馬克思主義的一系列重要觀念，如「理論框架」、「多元決定」、「認識論上的斷裂」等等。

埃里克森由此引出結論說，雖然他並不認為阿圖色的全部著作都完全正確，而且認為在使用阿圖色的著作時還需持批判態度，意識到那些引起爭議的矛盾，但他堅持認為阿圖色的著作對於制定必要的理論，以幫助革命戰士理解當代社會鬥爭的複雜性，採取有效行動來改變現存社會關係卻是必不可少的。

三、否定的評價

如果說，阿圖色的著作具有廣泛的影響，獲得許多人的肯定評價的話，那麼，由於他所進行的理論干預，反對正在國際共產主義運動中廣泛泛濫的把馬克思主義人道主義化和把馬克思主義等同於黑格爾思想的思潮等原因，而遭到了更多人的否定性評價，而且這種否定性評價，是來自多種理論色彩和政治色彩的，也是指向多方面的。例如，就阿圖色著作和馬克思主義的關係問題來說，有人認為，除了少數新名詞之外，阿圖色對馬克思主義理論沒有作出任何新貢獻，而且還企圖回到意識形態的嚴酷性和學說上的排他主義，認為馬克思主義是一種自足的學說、百分之百地科學的，無須外援也能不受其他思想方式的污染,這就回到了老式的共產主義偏執狂；有人認為，阿圖色的見解不是馬克思主義，而是以馬克思主義術語偽裝起來的阿圖色本人的見解，阿圖色的觀點同馬克思主義很少有

共同點，人們責備阿圖色的並不是他所寫的東西，而是把他所寫的說成是一種馬克思主義的東西；有人批評阿圖色在承認馬克思著作幾乎全都以黑格爾為影響的標誌時，又說馬克思斷然地同黑格爾決裂，並同馬克思著作原文的明確性相對立地聲稱馬克思並不真正在說他正在明確地說的東西，因而這是一種打著反教條主義旗號的非常特別的教條主義；有人把阿圖色的綱領說成是在馬克思主義純科學本質的名義下反對馬克思主義中意識形態的十字軍討伐；有人說，阿圖色搞的那一套是借用了現成的思想，但並沒有發展出特別適應於研究主題的結構方式，他以馬克思主義的發言人自居，卻以它去消滅對過程的分析；有人說，阿圖色的吸引力來自教條主義版本的馬克思主義的軟弱性，而不是來自阿圖色的結構主義馬克思主義版本的價值。

就阿圖色著作的政治含義來說，有人認為，阿圖色的哲學是一種唯心主義，他的社會理論是資產階級意識形態，他的政治則是史達林主義的；有人說，阿圖色無非是克里姆林宮的抄寫員，阿圖色主義是貶低為理論範式的史達林主義，是理論化為意識形態的史達林主義，實際上是在變化了的環境中重建沒有史達林的史達林主義，因而是意識形態內一般的警察活動的一種表現。

而就學術上來說，有人認為阿圖色的著作是一種由埃利亞學派 (Eleatic School) 修正和改造過的、赫拉克利特 (Herakleitos, 540BC-470BC)的新版本。

在給予阿圖色及其理論以否定評價方面的一個典型代表，是阿・沙夫(A. Schaff, 1913-)在1978年出版的《結構主義與馬克思主義》一書。該書由 3 篇論文組成，除第一篇論述作為一種思潮的結構主義，第三篇論述喬姆斯基 (A. N. Chomsky, 1928-) 的生成轉化

語法和固有思想的概念之外，沙夫在題為〈論假馬克思主義的假結構主義〉的第二篇論文中，集中而系統地闡述和論證了他給予阿圖色的否定性評價。

沙夫在六個問題上展開這種否定性評價：

第一個問題是結構主義馬克思主義與邏輯實證主義。沙夫認為，阿圖色自稱反對意識形態，實際上卻在分享著邏輯實證主義(logical positivism)的不幸。當年邏輯實證主義在反對一切形而上學的旗幟下進行戰鬥，結果卻創造了他們自己的形而上學，阿圖色反對意識形態的鬥爭也是如此，他發動了反對他所參與的東西的鬥爭。在阿圖色之前50多年，維也納學派(Vienna School)形成其綱領，這個綱領的實質是要進行反對形而上學的戰鬥，並用對科學語言的邏輯分析去消除形而上學，那種邏輯分析是用這種方法「純化了的」哲學的功能的唯一殘餘。沙夫認為，結構主義馬克思主義思潮和邏輯實證主義思潮在動機和結構上都極為相似：一是兩者的意向都是使實證學科擺脫「不純性」，不過在邏輯實證主義場合，把這種不純性叫做形而上學，而在結構主義馬克思主義的場合把這種不純性叫做意識形態罷了，但在理解力和態度的本質上是相同的；二是兩者都得同關於哲學終結的舊實證主義主張的復活打交道。在邏輯實證主義場合，目標是給作為形而上學的傳統哲學設一終末，把哲學的功能限於對語言進行邏輯分析，它認為形而上學的表述既不能被證實也不能被反駁，因而能被當作是無意義的而加以拒斥；而在結構主義馬克思主義場合，則給哲學指派了科學良心的保護人的作用，哲學永遠要把科學從和意識形態的混合物中純化出來。

但是，邏輯實證主義與結構主義馬克思主義之間的這種相似性，又伴隨著它們之間的本質上的差異性：邏輯實證主義維也納學

派賣弄其思維上的精確性，而且不論我們是否同意他們的觀點，我們都必須承認他們是以明晰性和精確性來構造其體系的，而且知道怎樣正確地指出根據對語言的邏輯分析，哪些表述是形而上學的無意義性的表現而應加以拒斥的；反之，結構主義馬克思主義的鼓吹者卻以缺乏精確性和語義文化為標誌。其原因在於阿圖色曾經正確批評過的法國哲學的鄉土氣，在這樣的哲學氛圍中可以使用含糊概念，甚至不試圖給予它們以精確性，而且還認識不到邏輯錯誤所產生的後果。例如，阿圖色對意識形態此詞的使用就是如此，他使整個討論都成為空洞的。在這種氛圍中，還必定要使用黑格爾語言，這就使阿圖色對黑格爾著作的批判成為一種「跪著造反」。

沙夫認為，結構主義馬克思主義同邏輯實證主義的相似性是問題的資質方面而它們之間的相異性則是問題的形式方面。在阿圖色那裡，人們是在同一種特殊的併發症打交道，在哲學中黑格爾的語言占統治地位，加上對當代哲學和邏輯中某些思潮的無知，再加上由此產生的在使用哲學語言中的不負責性，這集中表現在阿圖色根本不關心精確性和公式的語義上的明確性。沙夫說阿圖色不是一個叛徒，而是一個典型的異端者，他保留了他信仰的對象，但卻改變了其項目，從而使它們成為它們自己的對立面，同時又要證明那是真實的信仰。他的困難在於他有話要說，卻要把它當作馬克思主義兜售出去，他是那些在意識形態上遭到挫折的人的典型，這就是他有廣泛影響的原因。

第二個問題是意識形態同科學的關係問題。沙夫認為，把意識形態同科學對立起來，同意識形態作戰而頌揚科學，這是阿圖色思想體系的焦點。可以把阿圖色的綱領歸結為在馬克思主義的純科學本質的名義下進行的反對馬克思主義中意識形態的十字軍討伐。阿

圖色關於意識形態的定義，在《保衛馬克思》中有八個之多，在《讀解「資本論」》中還有兩個，它們自相矛盾。他關於意識形態是科學之前的理論，實際上同實證主義關於只有絕對真理而沒有相對真理的說法相同。

在這個問題上，沙夫從對阿圖色著作的分析中引出的結論，一是說在阿圖色的表述中，科學和意識形態的概念含混。對於他的觀點，只有把它們當作他在政治上的外傷的情緒上的反應才能理解；二是說阿圖色的觀點在許多基本問題上不同於馬克思主義理論，他不知道怎樣把馬克思主義理論的語言用於分析科學同意識形態的關係；三是說在考察阿圖色的觀點時，不要去注意結構主義的理論和方法對他的影響，因為他雖然用了結構主義這個詞，但卻與結構主義並無密切聯繫；四是說阿圖色對意識形態和科學的反思，不考慮有關這個問題的當代文獻，如庫恩的著作《科學革命的結構》等等，這就使他的評論成為不恰當的。

第三個問題是阿圖色到底是在反對經驗主義還是在鼓吹唯心主義的問題。沙夫認為，阿圖色攻擊馬克思主義的焦點是反經驗主義、反歷史主義和反人道主義，而反經驗主義則是其哲學基礎。阿圖色把經驗主義看作是意識形態哲學，從經驗主義下面解放出來，是把有科學頭腦的成年馬克思同有意識形態頭腦的青年馬克思區分開來的突出標誌之一，因此，把馬克思主義理解為科學就意味著要反對經驗主義。

然而，沙夫說阿圖色關於馬克思同經驗主義的關係的論述，既同馬克思主義經典作家的論述相矛盾，又同我們所知道的經驗主義這個詞的哲學意義相矛盾。例如，在1844年11月19日恩格斯致馬克思的信，馬克思的《雇傭勞動與資本》一書中，對於「經驗的」此

詞，都是在「由經驗給予的」、「建立在經驗的基礎上」的意義上使用的；在《資本論》第1卷第2版跋中，馬克思說俄國評論家的評論正確地表述了他的方法，而這種方法就是經驗主義。

沙夫指出，在認識的根源上，存在著發生論經驗主義(genetic empiricism)和發生論理性主義(genetic rationalism)的對立。發生論經驗主義認為，人們根據廣義的經驗形成認識，這種理論的古典代表是洛克(J. Locke, 1632–1704)和休謨(D. Hume, 1711–1776)。在有些場合，發生論經驗主義同感覺主義(sensationism)相聯結，認為一切認識都是通過感覺材料形式中的感覺而達到的；反之，發生論理性主義則宣揚內在觀念的學說，既主張獨立於經驗之外和建立的人腦結構基礎上的觀念，這種學說的古典代表是柏拉圖、笛卡兒、萊布尼茨和某種意義上的康德。在導致真實認識的道路上，發生論經驗主義主張真實的認識總是建立在經驗的基礎上的，反之，發生論理性主義、先驗論的觀點則認為真實的認識可以同一切經驗相分離，認為一切認識包括科學所說的赤裸裸的事實，都是協定的結果。

沙夫強調說，馬克思主義的唯物主義是捍衛發生論經驗主義而反對發生論理性主義的，是保衛方法論經驗主義而反對先驗論觀點的，恩格斯的《反杜林論》和列寧的《唯物主義和經驗批判主義》曾再三宣布傾向於經驗主義。反之，阿圖色卻認為經驗主義是一種意識形態，是從實在、具體的東西出發，但科學認識、科學概念卻始於一般、而不是始於實在具體。沙夫認為，阿圖色所謂的反經驗主義，實際上它反對的並不是經驗主義，而是特種形式的反映論，機械、庸俗版本的反映論。他所謂科學認識始於一般，實際上是在否認科學是在現成事實領域中進行操作，而捍衛那種認為科學生產事實的見解。至於阿圖色把這種觀點以及由此產生的兩種客體論說

成源於馬克思《政治經濟學批判·導言》，那是在把馬克思所沒有的東西強加於馬克思，沙夫懷疑阿圖色是否讀懂了馬克思的《政治經濟學批判大綱》，因為馬克思在〈導言〉中並沒有提出關於實在客體和認識客體之間的區別，這整個事情都是阿圖色的發明。馬克思在《資本論》中關於研究方法和敘述方法的區別的強調，實際上是〈導言〉中關於由抽象上升到具體的論述的副本，它也明確告訴我們必不要把表述結果的敘述方法同生產結果的研究方法混淆起來。而阿圖色所堅持捍衛的兩種客體的思想，則是唯心主義的，而且是以康德關於實體和現象之間的區別的一切缺陷為其標誌的，因為正是康德把先驗知覺形式解釋成為可以構造認識客體的。

　　沙夫由此引申出的結論，一是說阿圖色在反對經驗主義的時候，瞄準的實際上是現成事實論，因為經驗主義的本質在於同以先天論、先驗論為代表的理性主義相對立，但阿圖色並沒有提出這個問題，而接受現成事實的存在卻並不是經驗主義的典型特徵，而是實證主義和機械、庸俗版的反映論的特徵；二是說阿圖色在把認識看作是對現實存在事實的消極反映時，他所否定的，並不是庸俗化形式的反映論，而是一般的反映論，這就同馬克思主義哲學的一個基本命題相衝突，因為馬克思在指出頭腦再現實在，指出實在被精神同化的時候，他有力地強調了思維在把握、組織實在中的能動的反映作用，同時馬克思又指出，這是頭腦同化、而不是頭腦生產具體實在的方式，具體實在繼續獨立地存在於人腦之外，馬克思肯定了反映論，捍衛了只有一個實在的認識客體的見解；三是說在這裡雖然阿圖色又使用了結構的字樣，但並未顯示出任何結構主義痕跡。

　　第四個問題是，阿圖色是在反歷史主義還是在搞埃利亞主義？沙夫說，阿圖色曾經再三再四地指責馬克思沒有充分理解他自己的

思想，沒有對他自己的原文作出恰當的評價，沒有從理論上去思考和充分理解他所採取的理論上的革命步驟的理論含義或概念，沒有成功地思考過他同前人的區別等等。但是，和在意識形態、經驗主義等問題上的情況有所不同，馬克思在歷史主義問題上的論述是明確的和毫不含糊的，它足以否定說馬克思不接受歷史主義作為他方法的基礎的說法。於是，在這個問題上，阿圖色就說馬克思不知道他自己所說的，雖然馬克思明確宣布他喜愛歷史主義，但事實上馬克思是反對歷史主義的。

沙夫說，歷史主義認為一切社會現象都是變化著的，這些變化是服從於反映在稱作科學的動力法則的規定或規則中的，這些法則包含了從一種制度到另一種制度的過渡。一種制度的相對穩定的存在，是服從於支配它們的特殊法則的。這就是說，在周期的相對靜止狀態中產生的變化，不是以沒有一切變化為標誌，而是以形式的相對穩定性和相互聯結性為標誌的。

所以，阿圖色在反對歷史主義時所涉及到的並不是馬克思的歷史主義，而是一種完全不同意義的、同黑格爾的某些思想聯繫在一起的「歷史主義」，而阿圖色混淆了不同的意義，並用一種特別的結構主義來同馬克思的歷史主義相對立，用對靜態條件的分析去取代對動態條件的分析，用靜止的現象去解釋運動的現象。然而，在馬克思那裡，對於制度的結構分析，作為對制度的動態分析的補充，是馬克思主義歷史主義概念的一個組成部分。只有色諾芬尼(Xenophanes)所創立的古希臘埃利亞學派才否認運動和變化的客觀本質，而聲稱這些都是幻想。正是在這個意義上，沙夫說阿圖色的反歷史主義是埃利亞主義的復活。❶

---

❶ 古希臘的埃利亞學派曾經提出過如何以邏輯概念來表達運動的矛盾

　　阿圖色並不否認變化、並不否認歷史，但他卻受結構主義的影響，認為是結構、結構整體在決定著事情的出發點，從而把構成為制度的相對靜止狀態視為原初的，而把變化看作是第二性的；然而，他又不考察由此必然提出的過渡問題、動力法則問題、變化和發展的動因問題。他還把馬克思在《哲學的貧困》中批評蒲魯東的一段話引來當作馬克思主義是反歷史主義的證據。在那段話裡，馬克思說，「每一個社會中的生產關係都形成一個統一的整體」，「單憑運動、順序和時間的唯一邏輯公式怎能向我們說明一切關係在其中同時存在而又相互依存的社會機體呢？」❷

　　沙夫認為，分析馬克思的這段話，有助於理解阿圖色所用欺瞞和自我欺瞞法。《哲學的貧困》中的這段話，一是說明馬克思理解的世界有一個系統的結構方面，在研究中應當考慮到它；二是馬克思因為蒲魯東把關於運動的一種簡單的邏輯公式當作萬應靈方到處應用而批評他時，捍衛了對於社會研究中結構（同時存在）的法則的分析，因為在這個場合，單個運動的邏輯公式是隨著一個整體內特定社會關係的同時存在的客觀事實而變化的。然而，馬克思並未由此而否認歷史主義，所以，阿圖色據此而在《讀解「資本論」》中引申出「主要的是要顛倒反映次序，首先思考總體的特別結構」云云，純屬欺瞞；阿圖色還認為，在資本主義生產方式中，經濟生產的時間同日常實際中的意識形態實踐的明顯性無關，就是說，他認為實在客體有歷史、有變化，而認識客體則沒有歷史、沒有變化。沙夫說，把這種思想歸諸於馬克思，更是一種欺瞞。

　　性質的問題，但因為用形而上學的觀點看問題，所以認為「飛矢不動」。

❷　《馬克思恩格斯選集》第1卷，第142-143頁。

　　第五個問題，阿圖色是在反人道主義還是在反馬克思主義？沙夫首先引用阿圖色的結構主義馬克思主義同伴、人類學家高迪里埃「反人道主義」的解釋來說明他們所謂的「人道主義」同馬克思主義無關。高迪里埃在1970年發表的〈辯證邏輯和結構分析〉一文中指出，他們的反人道主義是反對僅僅從關於人性本質的先驗思想中引申出適用於社會的結論來，把它當作過渡到社會主義的歷史必然性的證據的基礎，以及作為社會主義比資本主義生產方式優越的證據的基礎。因為馬克思在談到這種必然性和優越性時，是指的社會主義生產關係的結構在功能上符合於由資本主義所釀成的新的巨大的、日益增長的社會化生產力的出現的條件，這種符合是一個非意向性事實，它表現了一定的社會結構的客觀特性，在本質上完全獨立於快樂、「人的本質」、「真正的」自由等一切先驗觀念。沙夫認為，這是唯心主義的問題，而不是人道主義的內容。

　　然後，針對著阿圖色還將反人道主義解釋成把生產關係說成是事物之間的關係、而不是人們之間的關係的觀點，以及否認人在社會變革中作用的觀點，沙夫指出，這種謬論根源於把人類從結構世界中清除掉。他認為，為了避免存在主義所特有的個人主義的唯意志論，不應犯客觀主義的錯誤，看不見人是社會活動的載體，個人總是通過特定的社會形式來進行活動的，馬克思並不是通過把個人從其社會中抽象出來，而是通過分析個人如何捲入社會，來反對對個人在社會中的作用作主觀主義和唯意志論解釋的可能性的。

　　沙夫認為，馬克思在《政治經濟學批判大綱》中關於「社會個人」這個主題的論述，回到和補充了《關於費爾巴哈的提綱》第6條和《德意志意識形態》的論述，說明了馬克思在解釋個人在歷史中的作用時所實現的革命，並不在於馬克思拋棄了個人的作用，去

支持階級和群眾的作用、客觀結構的作用，而在於影響深遠地改造了關於個人的觀點，把個人當作社會個人，即有社會制約和構造的個人；馬克思不是拋棄個人及其在歷史中的作用問題，而是相反地發展了它，並給它以一個更深的解釋。所以，在這個意義上，打著反人道主義的旗號，否定生產關係是人們之間的關係，否定人在社會發展和變革中的作用，就不是反對什麼人道主義，而是反對馬克思主義。

　　第六個問題，是一個還是兩個馬克思的問題。沙夫認為，阿圖色在搬用其老師巴歇拉爾關於「認識論上的斷裂」的說法時，改變了其適用對象。因為巴歇拉爾所說的認識論上的斷裂，是指人類認識發展中的斷裂，是關於說明事實的理論的發展中的斷裂，而且他還說過「肯定難以精確地指出應由什麼法庭來判斷這樣一種認識論上的斷裂」❸。而阿圖色卻把它應用到一個思想家的見解上，還據此而說馬克思的思想在 1845 年以後發生了反人道主義、反歷史主義、反經驗主義的認識論上的斷裂，那只是阿圖色的想像。沙夫認為，在1845年以前的馬克思著作中見到的問題和特殊術語，在1845年以後仍然見到。最明顯的是從《手稿》到1857–1858年的《政治經濟學批判大綱》， 在此期間，馬克思的觀點無疑地發生了變化，青年馬克思的思維方式和哲學思考的典型無疑地不同於成年馬克思，但是把馬克思分裂成不同的兩個人，無論在心理學上還是在科學上都是一種無稽之談。沙夫認為，人道主義和馬克思主義關於人的概念，異化觀和克服異化的道路，歷史主義等等，都是在馬克思著作中貫穿始終的話題。

　　沙夫說，在阿圖色著作中，分析科學和意識形態問題以及反經

---

❸　巴歇拉爾：《應用的理性主義》，巴黎1949年版，第104頁。

驗主義問題時，找不到結構主義的任何影響，而在阿圖色著作中關
於反歷史主義、反人道主義問題上的論述則不然。在這兩個場合，
阿圖色都把客觀結構當作出發點，在把馬克思主義說成是反歷史主
義的場合，他用這個出發點去堵塞理解歷史的道路，他向人們提供
了一種關於作為一個結構的社會的見解，但卻剝奪了歷史；而在把
馬克思主義說成是反人道主義時，他又用這個出發點去堵塞理解人
的作用的道路，他向人們提供了關於作為客觀結構之間關係的社會
關係的見解，但沒有了人。這是結構主義嗎？沙夫認為，阿圖色的
這些見解肯定地是在一種版本的結構主義理論的影響下形成的，這
種理論的特徵是同馬克思主義的聯繫，試圖按結構主義精神使馬克
思主義理論現代化。

　　沙夫認為，對於世界應作為一個有特殊結構的體系來進行研究
的這種方法論要求，如被解釋為在對變化進行研究的同時，也要對
結構作研究的話，那麼，它同馬克思主義並不是對立的，因為結構
分析是馬克思的歷史方法的一個要素。針對阿圖色說馬克思是一個
像結構主義者那樣提出和解決問題、但不明確地提出結構主義的，
不為人知的結構主義者的說法，沙夫說，沒有必要說馬克思是一個
結構主義者，但必須指出，馬克思和恩格斯完全認識到發生的分析
和結構的分析是彼此補充的。恩格斯明確說過「必須先知道一個事
物是什麼，而後才能覺察這個事物中所發生的變化」❹。研究一個
體系的結構的原則，不僅不為馬克思主義理論所陌生，而且是其方
法論假設中所固有的。沙夫認為，從馬克思主義的觀點來看，對於
一個特定的結構主義思潮的評價，應建立在兩個標準的基礎上：一
是看它在事實上是否發展了它的適合於研究主題的特有的結構方

❹　《馬克思恩格斯全集》第21卷，第338頁。

法；二是看它是把那種方法當作研究事實的唯一方法，還是把它當作對過程研究、即研究變化的方法的補充的方法。以此標準來衡量阿圖色搞的那一套，可以看出，他只是借用了現成的思想，而並未發展出特別適用於其研究主題的結構方法；他以馬克思主義的代言人自居，卻用它去消滅對過程的分析。沙夫的結論是，批評阿圖色並不意味著拒絕結構主義方法本身。

四、對若干理論問題的討論和辯論

阿圖色的影響，不僅表現在他在國內外吸引了眾多的追隨者，引起了國內外許多學者對他作出肯定性或否定性的評價，而且還表現在他所提出的許多理論觀點，在相當的時間內成為學術界討論和辯論的熱門話題。這裡且以其中的三個問題作為實例，來加以說明。

(一)關於矛盾的多元決定論問題

對於阿圖色提出的這個理論，在國際範圍的討論中，有贊成的，有反對的，有致力於揭示其政治含義的，而更多的則是指出其困難。

贊成者如阿羅諾維奇(S. Aronowitz)在1981年紐約出版的《歷史唯物主義的危機》一書中說，根據阿圖色提出的這個理論，上層建築的各種機制——教育、傳媒、法律、國家和語言等等，並不是經濟基礎的反映，而是一個結構好的總體性的各個實例，在其中，經濟是占統治地位的結構。他說，阿圖色及其門徒的這個公式，克服了馬克思主義中一種古怪趨向，這就是對於任何平心靜氣地注釋近代歷史的人來說都已經是明顯的對象：基礎和上層建築之間的區分，已經在晚期資本主義中崩潰了。根據阿圖色的這個理論，社會形態也不再被看作是一個勞動範疇，而是變成各種體系中的一個不僅包括我們同自然的關係、生產關係，而且也包括一整套集合在「上層

建築」標題下的關係；經濟基礎的決定性實例的專門性，已經在作為相對自主的亞體系的總體性的社會形態的概念中消失了。史密斯(S. B. Smith)則在1984年倫敦出版的《讀解阿圖色》一書中說，多元決定概念是把握矛盾和強調歷史經驗的實際複雜性的有用公式，在其最積極的形式上，這個概念承認發生作用的矛盾的多種源泉，而不是生產技術的孤立力量，在這方面，他是對否認基礎和上層建築之間任何真正相互作用的有價值的糾正，多元決定命題的結果是它甚至事先就禁止對社會革命的原因的出現作一般的或比較的分析。

批評者如馬丁‧杰(M. Jay)在1984年洛杉磯出版的《馬克思主義和總體性》一書中指出，阿圖色把某種正統馬克思主義的「歸根到底的」經濟決定，同自相矛盾地承認在結果因果性以及斯賓諾莎的「不在的原因」中，歸根到底從來不是單獨起作用的觀點相互結合起來的有趣的努力，對於其較為懷疑的讀者來說，很少有說服力。據此，阿圖色最早的英國門徒巴里‧亨達斯(B. Hiness)最終得出結論說，堅持神祕的「歸根到底」，意味著其結構因果性概念包含有一種在原則上同表現因果性很少有區別的本質主義，而對結構因果性概念的另一批判，則說它是一種模稜兩可的、曖昧含糊的公式。

致力於揭示其政治含義的如卡林尼柯斯(A. Callinicos)在1982年香港出版的《馬克思主義有未來嗎?》一書中指出，矛盾的多元決定論首先使阿圖色能夠斷言他的兩個敵人「經濟主義」和「人道主義」是同一個理論結構的變種。史達林的「經濟主義」斷言生產關係和上層建築都是生產力發展的消極結果；早年盧卡奇的「人道主義」把社會整體的不同方面當作處在其心臟的基本矛盾的中介的反映：每個場合都涉及表現總體性，構成整體的不同要素可以還原

為某個相同的原則。這就使阿圖色能夠把馬克思主義哲學中兩種主要思潮——普列漢諾夫、考茨基、史達林的進化主義和盧卡奇、葛蘭西、柯爾施的黑格爾主義，概括為同一種錯誤的兩個實例，這兩條路線導致理論上的左翼主義否認上層建築的任何效力的同樣的危險。

同時，根據阿圖色的矛盾的多元決定論，如果社會整體是由若干具有其自主性和效果的實例組成的話，那就能創造一個空間，使理論能在其中追逐自己的目標而不受黨的機器的干預和妨礙，至少從理論上說，大門對日丹諾夫 (A. Zhdanov, 1896–1948) 關閉上了。❺同時，也是最重要的，多元決定論提供了一種從根源上說明史達林主義的方法，因為多元決定論首先意味著一種結構中發生的革命，在事實上並不是一下子就改變了現存的上層建築、特別是意識形態的，因為這些屬於上層建築的東西本身，具有著充分的穩定性，能使自己在同他們的生命直接有關的東西以外繼續存在下去，甚至有時候能夠把作為代用品的生存條件重新創造出來，分泌出來。其次是由革命所產生的新社會可能由於它的種種新的結構本身，同時由於國內國際種種特殊的情況而由其本身誘發一些舊的因素的繼續生存，也即重新發生作用。這種重新發生作用，如果不是在一種具有多元決定的辯證法中，那真是不可設想的。

國際範圍內的討論，更多地表現為指出矛盾的多元決定論會遇到的困難。例如，史密斯指出，多元決定論命題的主要困難在於，基礎的「歸根到底決定」的原則，樂意讓渡給上層建築以多少自主

---

❺ 日丹諾夫是史達林時期蘇聯共產黨領導人之一，他在主管意識形態工作期間，多次發表演說，強調文學、藝術、哲學要堅持黨性，反對客觀主義，非政治性、無傾向性，要無情批評資產階級文化。

性，原來的命題的力量在於它給予一組特定因素在說明社會變革中的分量，但阿圖色對於矛盾理論的重新表述，卻導致基礎、上層建築要素幾乎相同的分量，結果是在區分首要原因和次要原因方面變成不可能的，人們只能滿足於一種描述性的經驗主義，賦予基礎、上層建築或多或少同等的地位。最後，這種多種原因的多元決定的社會模式，只好用一種功能主義多元論去取代原來歷史唯物主義對生產力在原因上的首要性的強調。事實上，阿圖色不僅傾向於把基礎、上層建築關係平等化，而且力圖不是用根源和起源，而是用促進社會再生產和維持社會以防分解的能力去解釋社會實踐和制度。

歸結起來，史密斯認為，阿圖色的這個命題使辯證法非歷史化，他賦予歷史上特定的社會形式的特徵以永恆的內容和效力；同時，在阿圖色的矛盾的多元決定論中，在經濟的歸根到底決定和上層建築的相對自主性之間存在著持久的緊張。如經濟是決定性的，上層建築的自主性就自動地變得失效；而如把上層建築的相對自主性當作決定性特徵，那麼，生產力作為原因的首要性就在馬克思主義經典中失去其特權。總之，多元決定性不是避免了、而是再生產了關於基礎和上層建築之間相互作用中發生的困難問題。

卡林尼柯斯也指出，阿圖色否認表現總體性的可能性，提出了一個非常嚴重的困難，認為實踐必然是多樣的和不可還原的命題，怎麼能夠同任何關於社會總體性的概念相一致？這使阿圖色招致了「多元論」的批評，同時，阿圖色的多元決定論命題具有把基礎溶解於上層建築中的唯心主義趨向，把馬克思主義顛倒成主張意識在決定著社會存在。

米歇爾・凱萊(M. Kelly)在1982年馬里蘭出版的《現代法國的馬克思主義》一書中，也說阿圖色的多元決定概念包含有若干危險，

如果說經濟主義不能說明變化的缺乏的話，那麼，阿圖色則陷入了相反的困境中去了，因為他的多元決定概念使他難以說明變化是如何能夠發生的。阿圖色所正確地抨擊的經濟主義，產生於對經濟決定作用的過分簡單化，但阿圖色在抨擊經濟主義時，卻站到了全然否定經濟決定作用的危險上面去了。

(二)關於理論反人道主義

史密斯在《讀解阿圖色》一書中，從歷史上追溯和論證理論反人道主義或「主體移心論」並不是結構主義所獨家擁有的，而是每一種渴求科學地位的現代學科的核心。弗洛伊德在〈關於精神分析的導論性講演〉中說，在過去幾個世紀中，對於人的「天真的自戀」逐漸被科學的進步壓下去了。第一個打擊是當哥白尼發現地球並不是宇宙的中心，而不過是幾乎無限廣闊的宇宙體系內一個極小的微粒的時候；第二個打擊是當達爾文把人類從其所謂的動物王國內的特權地位上逐出，指明人只是一長列進化形態中的一種罷了的時候；第三個打擊是當弗洛伊德的精神分析學說指出自我甚至不是「他自己屋子裡的主人」，而是服從於頭腦可能只是朦朧地意識到的更深的無意識動機的時候；而在當代，這個移心過程則和阿圖色、傅科、列維－斯特勞斯相聯繫著，他們力圖從其歷史的和人種學的研究中完全消除人的影響。阿圖色關於主體移心的主張，旨在成為對社會科學中「人道主義」的徹底否定。他說，阿圖色非常關心於否定個人主義或唯意志論的行動理論，但卻忽略了下列事實：社會生活的生產和再生產首先是由聰明的社會角色所維持和使之發生的一種有技能的行為。

卡林尼柯斯在1983年牛津出版的《馬克思主義和哲學》一書中指出，阿圖色宣稱「歷史是一個無主體過程」的意義在於，企圖重

新恢復階級鬥爭概念在馬克思主義中所處中心地位。然而，這種發展非目的論版本的馬克思主義的企圖，其結果卻是使生產關係永恆化，把生產關係變成不變的結構，同時又把主觀性當作由意識形態產生的一種必然的幻想，它由於給予個體以對獨立自主性的虛假信仰而把他們束縛在現狀上面。

湯普遜(E. P. Thompson)在1978年倫敦出版的《理論的貧困和其他文集》中，認為阿圖色的結構主義馬克思主義觀點不能把握作為過程的歷史。這是因為，歷史作為過程必須給予人類代理人以中心位置，而且其本身必須有一個關於它的不確定性的要素。存在著過程的「邏輯」，而且歷史的行動者的活動是服從於「塑造和指導的壓力」的：人類代理人既是歷史的創造者，又被歷史所創造，他們是一部未被控制的歷史的不斷受挫和不斷恢復活動的代理人。阿圖色在把人類代理人從歷史的過程中排除出去，把他們描述為只是占統治地位的複雜結構的載體時使自己全然不能把歷史過程加以概念化。

培里・安德森(P. Andersen)在1980年倫敦出版的《英國馬克思主義內的爭論》一書中，企圖把阿圖色和湯普遜之間的爭執加以歷史的相對化。他說，這兩人都用關於代理人的普遍的哲學概念進行操作，每人都把它和這個概念在日常語言中的相反意義給連接上，有作為自己活動和主動性自發源泉的「自由的代理人」，也有作為一種外部力量工具的代理人。阿圖色對於後一概念的哲學的和結構主義的使用所獲致的，是沒有能力把歷史變革設想成一個社會運動的自覺地意欲的結果；反之，湯普遜的相對應的哲學圖式，則使他把現代社會運動的特殊性強加給歷史。安德森認為，兩者相較，阿圖色的結構主義決定論較為適合於這個歷史的過去。

推特・潘登在 1984 年倫敦出版的《結構主義馬克思主義的興衰》一書中，則認為這裡所涉及的，並不是一件調整代理人和結構的比例，以便適合於不同歷史時期的狀況的問題，而是必須對代理人和結構的二元性提出疑問的問題。他強調說，正是關於人類主觀性和代理人的哲學概念不能令人滿意的特性，賦予結構主義關於人文科學中的解釋以動機，但一般說來，結構主義卻丟下了這個關於主觀性和有意向活動的哲學概念，而只是把它加以移心，於是，理論困難就重新出現了。在阿圖色那裡，這些困難採取的形式是：把主觀性當作一種想像的關心但卻有效果，把代理人當作社會制度的功能需要的單純實現而保存下來。潘登說，結構和代理人之間的對立支配著關於歷史因果性的推理，那麼，結構主義宿命論和內容貧乏的唯意志論的兩極，就只能由這兩者的任意結合來避免。潘登認為，走出這條死胡同之路可以從在應用結構性解釋時承認三個方法論原則開始：一是必須對人們廣泛地認為活動的結構性決定因素是外在於行動者的假定提出疑問。他說，和有意向的活動以及主觀性相連接的有意識生活是服從於無意識的規定的，但是無意識卻又是內在於人的心靈的。有意識生活的無意識規定這個概念，為人類行動者提供了一個比外部結構的單純載體來得更多的理論空間，而不必求助於「不是被引起的原因」這種在本質上是神學的活動觀；二是必須對認為活動的結構條件是對活動的限制這個廣泛流行的假定提出疑問，應該把社會和精神生活的某些結構性特徵，看作不是限制，而是活動可能性的條件，或使人便利的條件，當著這一點得到承認時，結構性解釋同宿命論之間的同一性就支撐不住了；三是確認用結構進行的解釋和用永不變化的結構進行的解釋並不是一回事。

㈢關於理論實踐及其檢驗標準問題

對於阿圖色反經驗主義認識論的討論，主要集中在理論實踐及其檢驗標準的問題上。

在這個問題上，贊成阿圖色觀點的科坦(Kotan)，在1979年法國普里瓦出版社出版的《路易・阿圖色的思想》一書中，把阿圖色的理論主義說成是旨在使無產階級免受資產階級、修正主義和改良主義的誘惑的武器，是對史達林主義的一種反抗，一種反對掩蓋政治活動中經驗主義和實用主義的教條主義的武器。它反對把馬克思主義理論工具化，反對把理論當作政治附庸、使之屈從於宣傳需要、使之處於意識形態的地位，這種思想指出了國內外工人運動的實際狀況，指出必須推動對真實的歷史矛盾進行理論分析。所以，科坦說，阿圖色的理論主義是從實際出發而採取的立場，是為了提高對各種問題的認識以及在階級鬥爭中起決定作用的領域內所作出的積極貢獻。

艾利沃特(G. Elliott)在1987年倫敦出版的《阿圖色：理論的迂迴》一書中，也稱讚阿圖色的認識論具有巨大的優點，尤其是其中有兩點對馬克思主義有關鍵意義：一是它反對日丹諾夫及其幽靈，而強調真實的東西對於國家、階級、政黨或任何其他超科學利益的自主性；二是它強調包括歷史唯物主義在內的科學的正常狀態和不斷發展的重要性。他認為，阿圖色理論實踐論的階級特徵在於，它企圖把現代非馬克思主義的科學哲學的教訓吸收到馬克思主義中去。特殊地講，是要把約定論對經驗主義和實證主義批判的令人信服的方面融合到唯物主義認識論中去。據此，阿圖色企求把約定論對於科學實踐的歷史的、社會的和理論的特性的強調，同實在論對於一個不可還原於理論的、獨立現實的存在的強調調和起來。總之，

阿圖色企求把歷史性、社會性同科學性、事實性、效力性融合起來。簡言之，他認為，阿圖色抓住了科學的特殊性。

反之，不同意阿圖色在這個問題上的觀點的安德烈·格魯克斯曼在1972年發表的〈腹語者的結構主義〉一文中，則說阿圖色把馬克思主義的生產概念分為物質、政治、意識形態和理論四種生產的做法，絕達不到四種生產中間的理論和實踐的統一。阿圖色的理論實踐論最終成為一種同馬克思的中心前提相反，不再能把理論與實踐統一起來的知識。

約翰·霍夫曼(J. Hoffman)在1980年荷蘭出版的《馬克思主義、科學和歷史運動》一書中說，阿圖色提出理論實踐論是不合適的，因為他這就把作為純理論的科學（一種脫離現實的「理論實踐」）同作為政治實踐的意識形態截然分開，只能危險地導致馬克思主義成為一種高高在上的、實證主義式的科學概念，而這種科學概念又是作為一種所謂擺脫價值觀念和黨派利益的知識，於是，知識來源於人民的經驗這一辯證唯物主義的民主性本質也消失殆盡了。

凱萊在《現代法國的馬克思主義》一書中說，任何首尾一貫的理論都必須有對實踐的說明，但是如果它還是一種唯物主義理論的話，它就不能承認理論先於實踐或理論構成實踐，然而，阿圖色卻不是總能避免這種危險的。

卡林尼柯斯在《馬克思主義和哲學》一書中指出，阿圖色有把理論和階級鬥爭分開來的傾向，他的「理論實踐論」使馬克思主義變成一個和工人階級沒有內在聯繫的封閉體系。

史密斯在《讀解阿圖色》一書中強調說，一種自主的理論實踐的存在，是阿圖色馬克思主義最成問題的特徵之一，因為理論要真是獨立於構成社會整體的其他實踐的話，那麼，什麼是聲稱同先於

它、它是其第二性表現的現實的接觸的源泉呢？什麼是理論和實踐的關係，理論如何聲稱指導實際生活呢？阿圖色對這些問題的回答，簡言之是沒有理論和實踐之間的這種統一，至少就通常理解的說法，以及說理論除了它自己之外，同任何其他實踐都沒有什麼關係而言。換句話說，在阿圖色那裡，理論和實踐之間的統一不是發生在社會生產的不同層次之間，而是發生在每個層次、每種實踐的內部。阿圖色關於各不同層次上實踐之間的斷裂論，雖具有把馬克思主義從那種沿著從經濟路線去看一切實踐的貧瘠的還原主義中拯救出來，保證理論反思的自主性，但卻又具有巨大的不利，它用一種較廣泛的多元論，用一種與其說像馬克思主義、不如說像帕森斯(T. Parsons, 1902–1979)的社會學去取代經濟的首要性。

史密斯還特別致力於剖析阿圖色關於理論實踐的檢驗標準論。他指出：首先，阿圖色的這個理論，不能適用於歷史，因為歷史是由事實和證據的要求束縛在一起的，如果沒有一團被認為是客觀的和獨立於探究者的過硬的事實性證據，我們就沒有區分事實和虛妄的使人非信不可的根據，而阿圖色強調真理的內部標準的結果，卻把理論同證據對照物分割了開來；其次，如果真理果真只存在於內部的融貫性和命題的邏輯次序中，那麼，我們在遇到相互競爭的理論——它們全都是融貫的，而且都聲稱提供了我們所企求理解的特定想像的真理——時，又如何在它們之間作出判斷？在這一點上，看來阿圖色的理論不可能在關於物種的起源和發展上的科學學說和神學學說之間，在馬克思主義的國家觀和自由主義的國家觀之間作出合理選擇，因為每一種學說都能說包含其內部邏輯和可理解性標準；其三，阿圖色的內部標準論缺乏外部證據的強制，而且它在標準本身如何在隨時間而變化的問題上，沒有告訴我們任何東西；最

後，阿圖色強調我們標準的「徹底內在性」， 還導致到把理論同實踐分割開來。

艾利沃特在《阿圖色：理論的迂迴》一書中，也說阿圖色的內部標準論無法分辨是非真偽。他以煉丹術為例指出：既然煉丹術是一種在其持有據以證實其產品的質地的確定的議定書方面並不次於任何其他東西的理論實踐，那麼，我們如何評定它是一種偽科學呢？

第九章　阿圖色結構主義馬克思主義的
歷史地位

　　在評價阿圖色及其結構主義馬克思主義的時候，西方許多學者認為他是二十世紀最重要的西方馬克思主義思想家之一。雖然他建構的思想體系，有其固有的內在缺陷，使之不能持久地堅持下去；他對馬克思、列寧、葛蘭西、毛澤東之外的馬克思主義思想傳統有排斥性；以及在思想方法上有絕對主義(absolutism)的弊病等等，但是，他以「回到馬克思」為標誌的理論干預綱領，卻有權被認為是自盧卡奇的《歷史和階級意識》以來在西方馬克思主義哲學中最獨創的事業，也是自葛蘭西《獄中札記》以來對歷史唯物主義最富有成果的發揮。

　　因此，要正確認識和評價阿圖色及其結構主義馬克思主義的歷史地位，就必須把他的思想體系放在西方馬克思主義發生發展的歷史脈絡中去加以考察。

　　西方馬克思主義並不是一個地理學概念(geographical concept)，而是一個社會思想史概念 (concept in the history of social ideas)，一個意識形態概念(ideological concept)。它指的是一種在特定的歷史背景下，產生於特定的時間和地點，具有特定內容的思潮。

　　西方馬克思主義思潮所據以產生的歷史背景，是第一次世界大

戰以後，俄國的十月革命取得了勝利而西方國家的革命卻相繼遭到了失敗。

第一次世界大戰以及戰爭所造成的政治、經濟、文化、社會方面的災難性後果，使資本主義矛盾更加深刻和空前尖銳起來，它促使這些國家的無產階級和勞動人民到擺脫剝削和壓迫的社會主義革命中去尋找出路，俄國十月革命勝利的榜樣更極大地鼓舞了這些國家的無產階級。於是，從1918年到1923年，在德國、奧地利、匈牙利、意大利等國家和地區，先後爆發了騷動、起義和革命，但卻一個接一個地失敗了。

在這種情況下，西方國家的共產黨人和左派開始對這些革命失敗的原因進行思考。特別是當共產國際在資本主義相對穩定的形勢下，在所屬共產黨內推行「布爾什維克化」(Bolshevization)的政策以後，更使這種思考不僅對準第二國際，而且也對準共產國際以及俄國共產黨的路線和政策。在這方面，最典型的反應見諸於「馬克思主義荷蘭學派」的一名代表高爾特 (H. Gorter)《致列寧同志的公開信》：革命並不單從一個經濟危機中產生，還有進一步的條件。德國、匈牙利、巴伐利亞、奧地利、波蘭和巴爾幹的例子告訴我們，危機和苦難是不夠的，在這裡有最可怕的經濟危機，然而革命卻沒有到來。還必須有把革命帶來的另一個因素，而如果缺乏它的話，革命就流產或失敗。這個因素就是群眾的精神，因此，必須總是以一種喚醒和加強工人的階級意識的方式去行動和說話，並把社會主義建立在無產階級廣大群眾自己解放自己的首創精神、無產階級群眾階級意識的自由發展的基礎上。

把這種對於西方革命失敗的思考，首先提到哲學的高度，形成為一股思潮的，是匈牙利共產黨人盧卡奇在1923年發表的《歷史和

階級意識》一書。在這本書裡，盧卡奇把西方革命失敗的原因，歸結為輕視革命主體作用的經濟決定論，以及由此引發的無產階級階級意識的危機。為此，盧卡奇用「總體性」(totality) 的觀點去取代經濟因素首要性的觀點，用無產階級階級意識創造歷史的觀點去取代不以人的意志為轉移的歷史規律性的觀點；他在批評自然辯證法和反映論的同時，強調意志、意識、意識形態、主觀性等在社會發展中的重要性，並提出了一種對馬克思主義的自由主義和人道主義的解釋。

　　和盧卡奇的《歷史和階級意識》一起代表這股思潮的，還有德國共產黨人柯爾施的《馬克思主義和哲學》(1923)，布洛赫(E. Bloch, 1885-1977)的《烏托邦精神》(1918)也表現了這一思潮。然而，對於這一思潮的奠基和發展具有更大影響的，則是意大利共產黨領袖葛蘭西，在被囚禁法西斯監獄期間所寫《獄中札記》一書中提出的「意識形態和文化上的領導權」理論。

　　葛蘭西的這個理論認為，革命在西方失敗的原因，在於照搬了俄國革命的戰略，而沒有考慮到兩者的前提不同的緣故。俄國的政權是半封建的軍事官僚國家，在那裡，統治階級的統治是以暴力為基礎的。這樣的國家，一旦遇上災難，被壓迫群眾群起而攻之，在一場「運動戰」(war of movement)中就把它搞垮了，這就是十月革命的戰略；反之，西方國家的政權卻是資本主義國家，在那裡，統治階級的統治，主要不是建立在赤裸裸的暴力的基礎上，而是建立在統治階級對於被統治階級在意識形態和文化上的領導權的基礎上，建立在被統治階級由此而對統治階級的統治所給予的「同意」的基礎上，這就給西方資產階級政權帶來了強大的力量，它像一道屏障那樣，抵禦著經濟危機和天災人禍的侵入，把政權保護起來，

當那裡的無產階級革命照搬十月革命的運動戰戰略來對付它時，就
會遇到在俄國沒有遇到過的暗堡、暗火力點，使革命的有生力量
(effective strenth) 遭到大量殺傷。因此，資本主義社會之所以能夠
倖存下來，其關鍵性的因素，就在於資產階級持有這種意識形態和
文化上的領導權。與此相適應，西方國家的無產階級要取得推翻資
產階級統治的勝利，就應該採用「陣地戰」(war of position) 戰略，
首先一個又一個地去奪取資產階級在意識形態和文化上的領導權，
只有把這些領導權陣地統統奪取過來了，無產階級才能取得推翻資
產階級統治的勝利。

三〇年代初期，由於馬克思的《手稿》的首次公開發表，在一
些人看來，似乎是盧卡奇對馬克思主義的解釋得到了證實，這就進
一步推動了這股思潮的發展。

然而，在另一方面，又由於在1924年的共產國際第五次世界代
表大會上，布哈林、季諾維也夫(Zenoviev, 1883–1936)等先後指責
盧卡奇、柯爾施的上述著作回復到古老的黑格爾主義，是理論上的
修正主義，並宣布不能容忍在共產國際內有這種理論上的修正主義。
後來，柯爾施被開除出黨，盧卡奇作自我批判，這就使這股思潮只
能走向黨外，首先在德國法蘭克福的社會研究所中得到發展；而在
黨內，則作為一種「地下」傳統，或明或暗地存在於一些在理論上
持異議的黨員的著作中。

直到1968年法國爆發「五月風暴」(May Event)的時候，由於西
方馬克思主義被奮起造發達資本主義社會反的新左派青年學生和工
人奉為思想武器,這一思潮才引起西方社會各方面人士的廣泛注意。
不僅西方馬克思主義這個名詞膾炙人口，而且在西方一些人的心目
中它還儼然成了發達資本主義社會的馬克思主義。

　　從上述對西方馬克思主義思潮形成發展過程的簡單回顧中，可以看出，這股思潮是在第一次世界大戰以後，無產階級革命在俄國取勝而在西方失敗的情況下，在西方國家內出現的一股在理論上同列寧主義相對立而又自稱是馬克思主義的思潮。它從理論和實踐兩個方面批評共產國際和蘇聯共產黨的內外政策；在政治方面，在對現代資本主義的分析和對社會主義的展望上，在無產階級革命的戰略和策略上，它提出了不同於列寧主義的見解；在哲學方面，它提出了不同於蘇聯對馬克思主義的解釋，主張重新發現馬克思原來的設計。

　　那麼，西方馬克思主義思潮究竟有哪些流派呢？

　　西方馬克思主義各流派分屬人本主義和科學主義兩種傾向。

　　在人本主義方面，第一個流派是黑格爾主義的馬克思主義(Hegelian Marxism)。它以盧卡奇、柯爾施、葛蘭西為主要代表，法蘭克福學派的代表在初期也奉行黑格爾主義馬克思主義的思想路線。

　　這種黑格爾主義的馬克思主義認為，資本主義之所以沒有在二十世紀二〇年代中西歐許多國家的騷亂、起義和革命中崩潰，是因為工人階級沒有發展出充分的階級意識，沒有意識到自己作為一種革命的政治力量所可能具有的使命，而這是由第二國際和共產國際主張經濟決定論所造成的。為此，它要求把階級意識的主觀方面恢復到馬克思主義中去，認為這就是恢復馬克思主義的哲學基礎，其具體辦法則是重新占有黑格爾關於人的自我意識的創造性概念，指出馬克思主義的黑格爾根源，特別是馬克思社會主義觀的黑格爾基礎。

　　這種黑格爾主義的馬克思主義，首先和實證主義相對立而強調

歷史主義，並據此把馬克思主義設想成不是建立在自然主義模式基礎上的一種分析科學，而是表現無產階級世界觀的一種意識形態；其次是反對客觀主義而強調人道主義，反對經濟決定論而高揚人在建構和改造世界中的創造性作用。這種歷史主義和人道主義，在盧卡奇那裡最終歸結為浪漫的反資本主義和反科學主義，而在葛蘭西的實踐哲學中則表現為唯實踐主義(practicism)。

西方馬克思主義在人本主義方面的又一條思想路線，是以奧地利學者賴希 (W. Reich, 1897–1957) 和法蘭克福學派代表馬爾庫塞、弗洛姆等人代表的弗洛伊德主義的馬克思主義(Freudian Marxism)。

這條思想路線出現的原因，是因為它的代表認為，在馬克思觀察從資本主義過渡到社會主義的問題的時候，他預測了兩個並行並進的過程；一個是資本主義制度經濟崩潰的過程，馬克思以某種明確性預言了這個過程；另一個是工人階級政治意識的成長和發展的過程，馬克思對這個過程講得較少。由於在馬克思思想中有這個空白，由於馬克思沒有提出這麼一種社會心理學，第二國際的庸俗唯物主義者就假定工人階級意識的發展，是導致資本主義崩潰的那同一個經濟過程的自動反映。然而，當資本主義矛盾尖銳化，馬克思主義期待歐洲工人階級作為歷史變革的動因而出現時，工人階級卻保持著沈默。據此，弗洛伊德主義馬克思主義的有的代表認為，這些情況表明，在資本主義制度下，人們不但被外部的壓迫者所統治和剝削，而且也被那些阻止他們把自己解放出來的意識形式所統治和支配；另一些代表則認為，意識形態被人們內在化或被溶化在個人的性格結構中了，被埋置在個性結構中了，它遠遠落在經濟現實後面，因而他們就用弗洛伊德的精神分析學去補充馬克思主義，並把社會主義革命納入到性本能的壓抑和解放的渠道中去。

　　弗洛伊德主義馬克思主義的一個重要特點，是把馬克思主義研究的焦點從政治經濟學轉向上層建築現象，特別是在資本主義社會中支撐著、合法化著壓迫性社會關係的文化形式和意識形態。

　　西方馬克思主義在人本主義方面的再一個流派，是以梅勞－龐蒂(M. Merleau-Ponty, 1908–1961)和後期薩特為代表的存在主義的馬克思主義(Existential Marxism)。

　　存在主義馬克思主義出現的原因，是因為它的代表、特別是薩特認為，雖然馬克思主義是我們時代不可超越的哲學，辯證理性是上升階級的意識形態，但它在現代馬克思主義者手裡卻停滯了，理論脫離實踐而成為教條主義，實踐脫離理論而成為實用主義。為使馬克思主義不變質成一種非人的人學，就必須把人本身作為馬克思主義的基礎重新納入自身之中，就是說，必須借助於存在主義，把馬克思主義重新建成一種以人創造歷史為第一真理的、人的自我解放理論。因為存在主義在凡是人所在的地方，在他的勞動中，在他的家裡，在馬路上，到處去尋找人。

　　存在主義馬克思主義認為，人的主要本質在於人的自我創造實踐。為此，個人實踐應當成為辯證方法的基本出發點，個人自主和自由意志應當成為馬克思主義所嚮往的未來的階級鬥爭的源泉。在這方面，馬克思主義和存在主義是關於自由和行動的兩種可以和諧共存的哲學。存在主義馬克思主義主張為解釋人類經濟的相互補充的方面確立一個共同的格子，在馬克思主義從人類活動的結果的角度充分去理解歷史的客觀方面的框架內，用存在主義去理解個人主觀的生活經驗。

　　在二十世紀四〇年代以後，在西方馬克思主義思潮中又出現了屬於科學主義傾向的一些流派。

科學主義方面的第一個流派，是以意大利的德拉－沃爾佩為代表的新實證主義馬克思主義流派(Neo-Positivistic Marxism)。

新實證主義馬克思主義認為，無產階級革命在西方國家之所以失敗，是由於對現代資本主義作了不正確的理解，用含糊的人道主義和黑格爾修辭學去取代了科學政策的緣故。為此，它斷然否認在馬克思主義和黑格爾之間有任何連續性，而主張把科學的辯證法規定為以「具體－抽象－具體」循環為標誌的現代實驗科學的唯物主義邏輯，把歷史唯物主義鑄造成一種「道德上的伽利略主義」，一種建立在青年馬克思批判黑格爾的譫妄邏輯和從本質上升到假設以及從先驗斷言上升到實驗預報的基礎上的科學唯物主義的社會學，以便使它再次變成能夠進行階級分析和預言的決定性認識工具。這個流派對馬克思思想的發展持一種從早期著作直線前進到《資本論》的無差別的見解，而它對社會科學的假設－推理形態的說明，則是極端自然主義的。

西方馬克思主義在科學主義方面另一個更有影響的流派，便是以法國的阿圖色為代表的結構主義的馬克思主義，它的基本觀點我們在前面已經作過詳細的論述。

阿圖色和德拉－沃爾佩都敵視黑格爾主義並肯定馬克思主義的科學地位，但他們又有區別：德拉－沃爾佩實際上把馬克思同黑格爾的斷裂放在馬克思事業的開始，放在馬克思在1843年寫的《黑格爾法哲學批判導言》上，阿圖色認為這對他們對馬克思的科學和哲學的解釋都導致了嚴重後果。阿圖色說，西方馬克思主義人本主義各流派都否定科學所特有的東西，即客觀知識的生產，他們或者把自然科學看作是資產階級的，或者把自然科學同人文社會科學尖銳地分割開來，結果就導致相對主義(relativism)。阿圖色認為，自然

科學和社會科學在其成果的相對尊嚴性上，在它們各自客體的客觀主義上面是沒有區別的，但是，他又和德拉－沃爾佩不同，認為科學性的統一具有認識論的、而不是方法論的性質。阿圖色的特徵還在於把法國科學哲學中的理性主義傳統和強調理論對於經驗的首要性的斯賓諾莎的理性主義傳統引入馬克思主義。

然而，儘管西方馬克思主義各流派具有許多相互區別的不同特點，它們卻又有許多共同的基本特徵。例如，它們與有組織的工人運動相脫離，而又從理論上考察和表述同現實政治有密切聯繫的問題；把注意焦點由經濟基礎轉移到哲學和文化等上層建築；公開強調要利用資產階級思想的偉大成就；拒斥恩格斯而致力於對馬克思主義的重新發現；在屢經失敗的過程中滋長和發展出來的悲觀主義(pessimism)，如此等等。尤其重要的是，儘管西方馬克思主義各流派都有這樣那樣的缺陷和失誤，但這個思潮畢竟提出或者重申了在馬克思主義發展過程中曾經遭到忽略或者偏離的問題，考察了發達資本主義社會中出現的許多新情況和新問題，試圖引進二十世紀的理論發展作為研究日常生活微觀領域的思想工具，並按照他們的理想揭露和批評了蘇聯模式的社會主義的一些弊端。儘管由於這種思潮把不同哲學世界觀的折中混合奉為指導思想，而使他們建構的種種思想體系紛紛崩塌，他們探索的西方革命的道路在實踐中一再碰壁受挫，他們糾正蘇聯模式的替代方案也帶有對馬克思主義和社會主義作「反向歪曲」的性質；但是，他們在長達半個多世紀的研究和探索中相繼推出的大量理論著作，又畢竟為我們從歷史的比較和國際的觀察中，依據馬克思主義的基本理論和基本方法，結合不斷變化著的實際，探索解決我們面臨的種種新問題，從而豐富和發展馬克思主義，提供了大量而重要的思想資料。

阿圖色年表

1918年　出生

10月16日阿圖色出生在離阿爾及爾15公里比曼德利的波伊斯布隆涅一間林場的屋子裡。姓阿圖色，名路易。

出生時父親查理・阿圖色參軍未回。他和母親住在外祖父母家。外祖父比埃爾・波格爾是阿爾及爾的林場看守官，外祖母名瑪德琳・納格托，母親是外祖父母的長女，名路西娜・波格爾。

1929年　11歲

在小學畢業後，通過公立中學的獎學金考試，在阿爾及爾的利安堆公立中學讀書。

1930年–1936年　12–18歲

隨擔任銀行經理的父親去法國馬賽的聖・查理公立中學讀書，不久就成為全班最好的學生之一，並在那裡參加了童子軍，任小隊領導。

1936年–1939年　18–21歲

隨父親去法國里昂，先是在巴爾克公立中學讀書，並參加天主教青年運動，後又去巴黎高等師範學校預科學習，在那裡，老師裴東和霍爾斯給他留下了深刻的印象。

1939年　21歲

7月，以第6名的名次通過會考，升入巴黎高等師範學校文學院。

9月，應徵到伊索伊爾的一個隸屬馬拉炮隊的預備士官生軍官團參軍。

1940年　22歲

在到凡納斯去接受軍官團的最後考試時，被入侵的德軍包圍和俘虜。後被送到德國北部沙地和荒野中間桑特波斯戴爾的大戰俘營去從事強迫勞動。因病住院後成為醫院的「注射專家」、「主要護士」。

在戰俘營中，受到瑞格勒和但爾醫生的保護，並在比埃爾・考來其斯那裡受到第一堂共產主義課的教育。

1945年　27歲

5月，在盟軍解放法國後，從德軍戰俘營回國，到巴黎高等師範學校就讀。

1946年　28歲

12月，應友人萊塞弗的邀請去探望其母親時，認識了埃琳娜・李特曼，她比阿圖色大8歲，後來成為他的伴侶，但直到30年後兩人才結婚。阿圖色說是埃琳娜把他引向了共產主義。

1947年　29歲

開始接受電震治療，以後還處在經常的醫療注視之下，並作精神分析。阿圖色還是一個夢遊者，曾在其同學約翰遜同其妻子入睡時，漫步進入其臥室擺弄留聲機唱片，而在次日早晨對此一無所知。

1948年　30歲

在科學哲學家巴歇拉爾的指導下，阿圖色通過題為〈黑格爾哲學中內容的概念〉的畢業論文。他在畢業以後就留校執教，歷任哲學教師、輔導教師、祕書、副教授、教授等職。

同年，參加法國共產黨。

1958年　40歲

翻譯出版《費爾巴哈：哲學宣言 (1839–1845)》一書，並為它寫了「譯者注」。

1959年　41歲

發表題為《孟德斯鳩，政治和歷史》的著作，該書是他對孟德斯鳩的解釋性研究。在1972年出版該書英文版時，還收入了他的另外兩篇論文：〈盧梭：社會契約〉(1966)，〈馬克思同黑格爾的關係〉(1968)。

1964年　46歲

從中蘇論戰開始以後，他日益站在毛澤東中國一邊。在「文化大革命」爆發以後，他更加心向神往，他經常把自己的哲學著作寄給毛澤東。據他死後出版的遺著《未來延續了一個漫長的時間》披露：「毛澤東甚至給了我一次會面的機會，但由於涉及法國政治的原因，我犯了我一生中最愚蠢的錯誤，因為害怕黨將作出反對我的政治反應，而沒有去看他。」

1965年　47歲

發表《保衛馬克思》一書，該書收入他從1960–1965年間發表的8篇文章，這是他針對赫魯雪夫在蘇共20大上所作全盤反對史達林的祕密報告，在國際共產主義運動中造成人道主義思潮廣泛泛濫的嚴重局勢，而進行的理論干預；由於該書用當時正

在法國思想舞臺上崛起的結構主義思潮的基本原理和基本方法，提出了他對馬克思主義的解釋，特別是他力排眾議地就西方學術界長期以來熱烈討論的關於馬克思同黑格爾、青年馬克思同成年馬克思的關係問題提出自己的見解，因而和他同年出版的《讀解「資本論」》一書一起被認為標誌著結構主義馬克思主義的崛起。

同年發表的《讀解「資本論」》一書，是他主持在1964-1965年間組織的《資本論》研討會的產物。當時參加研討會的有：朗西埃爾、埃斯泰勃來特、巴利巴爾、馬歇雷、杜洛克斯和米勒等人，其中有些人因為種種原因先後離去。1965年出版該書第一版時，由他和朗西埃爾、馬歇雷等人署名，1968年出版該書第二版時，改由他和巴利巴爾兩人署名，他寫了該書三部分中的第一、二部分，巴利巴爾寫了該書的第三部分。

1966年　48歲

法國共產黨把他的600名追隨者開除出黨。對此，他保持沈默。這些被開除出法共的人，原先是他在六〇年代中期幫助建立的學習小組的成員。他們先是在他的影響下全面研究《資本論》和其他馬列著作。1965年秋，他們創辦了《馬列主義手冊》雜誌，發表文章歌頌中國的「文化大革命」，而抨擊法共的意識形態路線。隨後，他們又在羅伯特‧林哈爾特具體領導下，在組織是從內部接管法共的大學生組織「法國共產主義大學生聯盟」的領導，在被法共開除出黨以後，他們又在黨外組織了一個名為「共產主義青年同盟（馬克思列寧主義）」的「毛派」組織，並組建第一批支援越南人民反美抗戰的「越南委員會」。在五月風暴爆發以後，他們中有些人又積極參加學生占領學校

的活動，並到工廠中去創建學生和工人的統一運動。阿圖色在遺著中說，他的這些追隨者在羅伯特·林哈爾特的具體領導下從內部接管法共學生組織一事，沒有得到他的同意，而他們後來到工廠中去創建學生和工人的統一運動，則是林哈爾特等人的「根本錯誤」。

1967年　49歲

發表《哲學和學者的自發哲學》。

1968年　50歲

2月，發表答意共《團結報》記者問《哲學是一種革命的武器》。
5–6月，在五月風暴爆發時，阿圖色先是採取聾啞式的沈默態度，像是從政治舞臺上消失了，繼而又退卻到療養院中去。在當時，他認為五月風暴的形勢不是革命形勢，一個共產主義知識分子拒不衝向巴黎是對的。在風暴過去以後，他在法共《思想》雜誌上發表文章，一面抨擊學生的「無政府主義－自由主義意識形態」，並且同意把「左派幼稚病」的概念應用於學生；另一方面，他又認為這些學生的作用是進步的，比其右翼對應物較少值得詛咒。但在死後出版的遺著中，阿圖色卻批評法共「出於對群眾的害怕和失卻控制的害怕（這反映他認為組織比群眾更重要的觀點），黨盡其所能地破壞了群眾運動，並把它導入簡單的經濟協議的渠道」；還說他的伴侶埃琳娜·李特曼譴責「黨在1968年時出賣了工人階級」。
對於同年發生的蘇軍入侵捷克斯洛伐克事件，他在當時也持沈默態度。只是在6年以後發表的《自我批評論文集》一書中，他才表示「捷克人民的民族群眾運動，即使不再聽到其聲音，也值得一切共產黨人的尊敬和支持」，並否認捷克的「有人的

面孔的社會主義」就意味著要人道主義。

1969年　51歲

發表《列寧和哲學》一書，其中收入他1964年12月以來發表的7篇文章。

1973年　55歲

發表〈答約翰・劉易士〉的長篇文章。

1974年　56歲

發表《自我批評論文集》一書。

1975年　57歲

他經過答辯，獲匹卡第大學評議會授予的文學博士學位。

1976年　58歲

發表《觀點(1964–1975)》一書。

為勒高的《無產階級科學？李森科案件》一書寫了一篇題為〈沒有完的歷史〉的導論。

撰寫了自傳性的《事實》一書，但直到他死後才公開出版。

1977年　59歲

7–8月，發表〈法國共產黨第22大〉一文，婉轉地批評法共22大拋棄「無產階級專政」的做法。

11月，在意大利威尼斯舉行的「革命後的社會」的國際研討會上，作題為「馬克思主義的危機」的報告，會後又應意大利《宣言報》編輯部的邀請，發表〈馬克思主義是「有限的」理論〉一文，詳述其觀點。他的這個報告和文章被認為是結構主義馬克思主義走向衰落和解體的最初標誌。

1977–1978年　59–60歲

在意大利出版的《歐洲百科全書》第7卷上，發表〈今日馬克

思主義〉的條目。

1978年　60歲

4月，發表〈黨內什麼東西必須改變〉一文。

1980年　62歲

他精神病嚴重發作，掐死其妻子埃琳娜‧李特曼，但經三名精神病醫生檢查後，認為他「不能理解這種司法行為的意義」，認為不能控訴他犯有謀殺罪。為此，他被送到聖‧安尼和蘇姍醫院治療。

1982年　64歲

11–12月，他在第一次獲准住到醫院外面期間，寫了〈遭遇的唯物主義〉的哲學手稿。

1985年　67歲

3–5月，他以自傳的形式撰寫了《未來延續了一個漫長的時間》一書，其副標題為「一個謀殺者的簡史」，他的另一個標題為「從黑暗到破曉」，在他死後，於1992年出版。

1990年　72歲

10月22日，死於心臟病發作。

阿圖色法語論著書目

1. 'Une Question de Faits', in *L'Evangile Captif*, Jeunesse de l'Eglise, Cahier X, Paris 1949.

2. Contribution to the discussion in 'Journées Nationales d'Etudes Pédagogiques des Professeurs de Philosophie' (1950), *Revue de l'Enseignement Philosophique* 1:1–2, 1951, p.12.

3. 'A Propos du Marxisme', *Revue de l'Enseignement Philosophique* 3:4, August/September 1953, pp.15–19.

4. 'Note sur le Materialisme Dialectique', *Revue de l'Enseignement Philosophique* 3:5, October/November 1953, pp.11–17.

5. 'Sur l'Objectivité de l'Historie (Lettre à Paul Ricoeur)', *Revue de l'Enseignement Philosophique* 5:4, April/May 1955, pp.3–15.

6. 'Despote et Monarque chez Montesquieu', *Esprit* 26:11, November 1958, pp.595–614.

   Extract from 7.

7. *Montesquieu. La Politique et l'Historie*, Paris: Presses Universitaires de France, 1959.

8. 'Note du Traducteur' (1958), in *L. Feuerbach, Manifestes Philosophiques. Textes Chisis (1839–1845)*, edited and translated by

Althusser, Paris: Presses Universitaires de France, 1960, pp.1–8.

9. 'Les *"Manifestes Philosophiques"* de Feuerbach', *La Nouvelle Critique* 121, December 1960, pp.32–38.

10. 'Sur le Jeune Marx (Questions de Théorie)' (1960), *La Pensée* 96, April 1961, pp.3–26.

11. Review of R. Polin, La Politique Morale de John Locke, *Revue d'Histoire Moderne et Contemporaine* 9:2, 1962, pp.150–155.

12. 'Contradiction et Surdétermination (Notes pour une Recherche)', *La Pensée* 106, December 1962, pp.3–22.

13. 'Le *"Piccolo"*, Bertolazzi et Brecht (Notes sur un Théâtre Matérialiste)', *Esprit* 30:12, December 1962, pp.946–965.

14. 'Les *"Manuscrits de 1844"* de Karl Marx (Economie Politique et Philosophie), (1962), *La Pensée* 107, February 1963, pp.106–109.

15. 'Philosophie et Sciences Humaines', *Revue de l'Enseignement Philosophique* 13:5, June/July 1963, pp.1–12.

16. 'Sur la Dialectique Materialiste (De l'Inégalité des Origines)', *La Pensée* 110, August 1963, pp.5–46.

17. 'Problèmes Etudiants', *La Nouvelle Critique* 152, January 1964, pp.80–111.

18. 'Teori e Metodo' and 'Gli Strumenti del Marxismo', *Rinascita* 4, 25 January 1964, pp.28–29; 5, 1 February 1964, pp. 28–29.

19. Presentation of P. Macherey, 'La Philosophie de la Science de Georges Canguilhem', *La Pensée* 113, February 1964, pp.50–54.

20. 'Marxisme et Humanisme' (1963), *Cahiers de l'Institut de Science Economique Appliquée* 20, June 1964, pp.109–133.

21. 'Freud et Lacan', *La Nouvelle Critique* 161–162, December 1964–January 1965, pp.88–108.

22. 'Note Complémentaire sur l'"Humanisme Réel"', *La Nouvelle Critique* 164, March 1965, pp.32–37.

23. 'Préface: Aujourd'hui', in Althusser, *Pour Marx*, Paris: François Maspero, 1965, pp.9–32.

24. *Pour Marx*, Paris: François Maspero, 1965.

Contains 9; 10; 12 (including 'Annexe'); 13; 14; 16; 20; 22; 23.

25. 'Esquisse du Concept d'Histoire', *La Pensée* 121, August 1965, pp.2–21.

Extract from 27.

26. 'Préface: Du *"Capital"* à la Philosophie de Marx', in L. Althusser, J. Rancière and P. Macherey, *Lire le Capital I*, Paris: François Maspero, 1965, pp.9–89.

27. 'L'Objet du Capital', in L. Althusser, E. Balibar and R. Establet, *Lire le Capital II*, Paris: François Maspero, 1965, pp.7–185.

28. 'Théorie, Pratique Théorique et Formation Théorique, Idéologie et Lutte Idéogique', mimeographed, April 1965.

29. 'Matérialisme Historique et Matérialisme Dialectique', *Cahiers Marxistes-Leninistes II*, April 1966, pp.90–122.

30. 'Réponse à Andre Daspre', in 'Deux Letters sur la Connaissance de l'Art', *La Nouvelle Critique* 175, April 1966, pp.141–146.

31. 'Cremonini, Peintre de l'Abstraction', *Démocratie Nouvelle* 8, August 1966, pp.105–120.

32. 'Sur le "Contrat Social" (les Décalages)', *Cahiers pour l'Analyse*

8, 1966, pp.5–42.

33. 'Sur la Révolution Culturelle', *Cahiers Marxistes-Léninistes* 14, November/December 1966, pp.5–16.

34. 'Sur le Travail Théorique. Difficultés et Ressources', *La Pensée* 132, April 1967, pp.3–22.

35. 'La Tâche Historique de la Philosophie Marxiste', May 1967.

36. 'Prefazione' in L. Althusser, *La Revolución Teórica de Marx*, Mexico/Buenos Aires: Siglo XXI, 1967, pp.ii–xvi.

37. Correspondence with R. Domergue, in L. Althusser and R. Domergue, *Marxismo Segundo Althusser: Polemica Althusser-Garaudy*, Sao Paulo: Ed. Signal, 1967.

38. *Cours de Philosophie pour Scientifiques*, mimeographed, November 1967.

Published in revised form as 70.

39. 'La Philosophie comme Arme de la Révolution (Réponse à Huit Questions)' (1967), *La Pensée* 138, April 1968, pp.26–34.

40. 'La Filosofia, la Politica e la Scienza (Una Lettera di Louis Althusser sul Pensiero di Gramsci)', *Rinascita II*, 15 March 1968, pp.23–24.

41. 'An die deutschen Leser' (1967), in L. Althusser, *Für Marx*, Frankfurt: Suhrkamp, 1968, pp.7–15.

42. 'A Magyar Olvasöhoz' (To My Hungarian Readers), in *Marx-Az Elmélet Forradalma*, pp.9–15.

Published in French in S. Karsz, *Théorie et Politique: Louis Althusser*, Paris: Fayard, 1974, pp.315–320.

43. 'Avertissement' (1967), in L. Althusser and E. Balibar, *Lire le Capital*, 2nd edition, 2 vol., Paris: François Maspero, 1968.

44. 'Lénine et la Philophie', *Bulletin de la Société Française de Philosophie* 4, October/December 1968, pp.127–181.

45. 'Comment Lire *"Le Capital"*?', *L'Humanité*, 21 March 1969.

46. 'Avertisement aux Lecteurs du Livre I du *"Capital"*', in K. Marx, *Le Capital. Livre I*, Paris: Garnier-Flammarion, 1969, pp.5–30.

47. Letters te M.-A. Macciocchi (1968–69), in M.-A. Macciocchi, *Lettere dall' interno del P.C.I.*, Milan: Feltrinelli, 1969, pp.3–6, 23–26, 53–64, 126–127, 331–361.

48. 'A Propos de l'Article de Michel Verret sur *"Mai Etudiant"*', *La Pensée* 145, June 1969, pp.3–14.

49. 'To My English Readers' (1967), in L. Althusser, *For Marx*, London: Allen Lane 1969, pp.9–15.

50. 'A Letter to the Translator', in ibid., pp.257–258.

51. 'Lettera a Pesenti', *Rinascita* 32, 1969.

52. *De la Superstructure (Droit-Etat-Idéologie)*, mimeographed April 1969.

Extract published as 53.

53. 'Idéologie et Appareils Idéologiques d'Etat (Notes pour une Recherche)' (1969–70), *La Pensée* 151, June 1970, pp.3–38.

54. 'Sur le Rapport de Marx à Hegel' (1968), in Jacques d'Hondt (ed.), *Hegel et la Pensée Moderne*, Paris: Presses Universitaires de France, pp.85–111.

55. 'Lénine devant Hegel' (1969), in W. R. Beyer (ed.), *Hegel-*

Jahrbuch 1968/1969, Meissenheim a. Glan 1970, pp.45–58, Published in French in *60*, pp.75–90.

56. 'Foreword' (1970), in L. Althusser, *Lenin and Philosophy and other Essays*, London: New Left Books, 1971, pp.7–9.

Published in French in S. Karsz, *Théorie et Politique: Louis Althusser*, pp.349–351.

57. Letter to the translator (on 'Freud and Lacan') (1969), in *Lenin and Philosophy and Other Essays*, pp.177–178.

58. 'Prefazione' (1970), in M. Harnecker, *Los Conceptos Elementales del Materialismo Histórico*, Mexico: Siglo XXI, 1971.

Published in French as '*Marxisme et Lutte de Classe*', in 78, pp.61–66.

59. 'Sur une Erreur Politique. Les Maitres Auxiliaires, les Etudiants Travalleurs et l'Aggrégation de Philosophie', *France Nouvelle* 1393, 25 July 1972, pp.9–12; 1394, 1 August 1972, pp.10–13.

60. *Lénine et la Philosophie*, second edition, Paris: François Maspero, 1972.

Contains 44; 54; 55.

61. 'Reply to John Lewis (Self-Criticism)', *Marxism Today*, October 1972, pp.310–318; November 1972, pp.343–349.

Published in French in revised form in 65, pp.7–68.

62. 'The Conditions of Marx's Scientific Discovery (On the New Definition of Philosophy)' (1970), *Theoretical Practice* 7–8, January 1973, pp.4–11.

Published in French as 'Sur l'Evolution du Jeune Marx', in 71, pp.103–126.

63. 'Note sur "la Critique du Culte de la Personnalité"' (1972), in L. Althusser, *Réponse à John Lewis*, Paris: François Maspero, 1973, pp.69–90.

64. 'Remarque sur une Catégorie: *"Procès sans Sujet ni Fin(s)"'*, in ibid., pp.91–98.

65. *Réponse a John Lewis*, Paris: François Maspero, 1973. Contains 'Avertissement'; 61; 63; 64.

66. Intervention on 'Les Communistes, les Intellectuels et la Culture', *France Nouvelle* 1453, 18 September 1973, p.11.

67. [Texte Roneotypé] (1970), in S. Karsz, *Théorie et Politique: Louis Althusser*, Paris: Fayard, 1974, pp.321–323.

68. Letter (1967) in R. Debray, *La Critique des Armes*, Paris: du Seuil, 1974, pp.262–269.

69. 'Justesse et Philosophie', *La Pensée* 176, August 1974, pp. 3–8. Extract from 70.

70. *Philosophie et Philosophie Spontanée des Savants (1967)*, Paris: François Maspero, 1974.

71. *Eléments d'Autocritique (1972)*, Paris: Hachette, 1974. Also contains 62.

72. 'Quelque chose de nouveau', *L'Humanité*, 12 October 1974.

73. 'Lettre à Bruno Queysanne', mimeographed 1974.

74. 'Les Communistes et la Philosophie', L'Humanité, 5 July 1975.

75. 'Est-il Simple d'Etre Marxiste en Philosophie? (Soutenance d'Amiens)', *La Pensée* 183, October 1975, pp.3–31.

76. Letters to L. F. Rebello (1975), in L. Althusser and L. F. Rebello, *Cortas sobre a Revolucao Portuguesa*, Lisbon: Seara Nova, 1976, pp.15–25, 33–36, 41–42.

77. 'Avant-Propos: Histoire Terminée, Histoire Interminable', in D. Lecurt, Lyssenko. *Histoire Reelle d'une 'Science Proletarienne'*, Paris: François Maspero, 1976, pp.9–19.

78. *Position*, Paris: Editions Sociales, 1976.
Contains 'Note'; 2; 39; 45; 53; 58; 75.

79. *La Transformación de la Filosofia*, Granada: Universidad de Granada, 1976.

80. 'The Historic Significance of the 22nd Congress' (1976), in E. Balibar, *On the Dictatorship of the Proletariat*, London: New Left Books, 1977, pp.193–211.
Published in French in revised form as 81.

81. *22 ème Congrès*, Paris: François Maspero, 1977.

82. 'Sur Marx et Freud', December 1976.

83. 'Note sur les Appareils Idéologiques d'Etat (AIE)', December 1976.

84. 'Alcune Parole Grosse', *Pease Sera,* 16 April 1977.

85. 'Finalmente Qualcosa di Vitale si Libera della Crisi e nella Crisi del Marxismo', *Il Manifesto*, 16 November 1977.

86. 'Avant-Propos' (1977), in G. Dumenil, *Le Concept de Loi Economique dans 'Le Capital'*, Paris: François Maspero, 1978, pp.7–26.

87. 'La Questione dello Stato, Oggi e nella Transizione' (1977), *Il Manifesto*, 4 April 1978.

Published in French as 'Entretein', *Dialectiques* 23, Spring 1978, pp.5–12.

88. 'Des intellectuels communistes signent une lettre collective pour réclamer "une véritable discussion politique" dans leur parti', letter from L. Althusser, E. Balibar, G. Bois, G. Labica, J.-P. Lefebvre, M. Moissonier, *Le Monde*, 6 April 1978.

89. 'Ce qui ne peut plus durer dans le parti communiste', *Le Monde*, 25–28 April 1978.

Expanded version published as 90.

90. *Ce que ne peut plus durer dans le parti communiste*, Paris: François Maspero, 1978.

91. 'Il Marxismo Oggi' (1977), in *Enciclopedìa Europeo*, Vol. VII, Milan: Garzanti, 1978.

92. 'Al "punto zero" della teoria', *Paese Sera*, 6 May 1978.

93. Interview *in Les Nouvelles Littéraires*, 15 June 1978.

94. 'Statt eines Vorworts: Vier Fragen an Louis Althusser', in L. Althusser, *Die Krise des Marxismus*, Hamburg: VSA, 1978, pp.7–17.

95. 'La Découverte du Dr. Freud' (1976), *Revue de Médecine Psychosomatique* 25:2, 1983.

96. 'Solitude de Machiavel', 1977.

參考書目

1. 約瑟夫・祁雅理：《20世紀法國思潮》，北京，1987，吳永泉等譯，中文版。

2. 佩里・安德森：《西方馬克思主義探討》，北京，1981，高銛等譯，中文版。

3. 佩里・安德森：《當代西方馬克思主義》（原名《歷史唯物主義的軌跡》），北京，1989，余文烈譯，中文版。

4. 戴維・麥克萊蘭：《馬克思以後的馬克思主義》，北京，1986，林春等譯，中文版。

5. 尼・格・波波娃：《法國的後弗洛伊德主義》，北京，1988，李亞卿譯，中文版。

6. 梅斯里夫欽科主編：《當代國外馬克思主義哲學》，北京，1986，中央編譯研究室譯，中文版。

7. 伊・庫茲韋爾：《結構主義時代：從列維－斯特勞斯到傅科》，上海，1988，尹大貽譯，中文版。

8. 特倫斯・霍克斯：《結構主義和符合學》，上海，1987，瞿鐵鵬譯，中文版。

9. 路易・阿爾都塞：《保衛馬克思》，北京，1984，顧良譯，中文版。

10. 阿圖塞：《自我批評論文集》，臺北，1990，杜章智等譯，中文版。

11.徐崇溫：《結構主義與後結構主義》，瀋陽，1986，中文版。

12.徐崇溫：《「西方馬克思主義」》，天津，1982，中文版。

13.徐崇溫：《「西方馬克思主義」論叢》，重慶，1989，中文版。

14.Benton, T.: *The Rise & Fall of Structural Marxism — Althusser & His influence*, Macmillan, 1984.

15.Elliott, G.: *Althusser — The Detour of Theory*, Verso, 1987.

16.Smith, S. B.: *Reading Althusser — An Essay on Structural Marxism*, London,1984.

17.Callinicos, A.: *Marxism & Philosophy*, Oxford, 1983.

18.Kelly, M.: *Modern French Marxism*, Baltimore, 1982.

19.Lindsay, J.: *The Crisis in Marxism*, Moonraker, 1981.

20.Balibar, E.: *The Philosophy of Marx*, Verso, 1995.

21.Althusser, L.: *Politics & History*, London, 1972.

22.Althusser, L.: *For Marx*, London, 1969.

23.Althusser, L.: *Lenin & Philosophy & Other Essays*, London,1971.

24.Althusser, L.: *Philosophy & The Spontaneous Philosophy of the Scientists*, London, 1990.

25.Althusser, L.: *The Future Lasts A Long Time & The Facts*, London, 1993.

26.Althusser, L.: *The Spectre of Hegel — Early Writings*, Verso, 1997.

27.Althusser, L. & Balibar, E.: *Reading Capital*, London, 1977.

28.Schaff, A.: *Structuralism & Marxism*, Oxford, 1978.

人名索引

七劃

十三劃

十四劃

十七劃

十八劃

十九劃

二十四劃

世界哲學家叢書（一）

書　　　　　名	作　　　者	出　版　狀　況
孔　　　　　子	韋　政　通	已　　出　　版
孟　　　　　子	黃　俊　傑	已　　出　　版
荀　　　　　子	趙　士　林	已　　出　　版
老　　　　　子	劉　笑　敢	已　　出　　版
莊　　　　　子	吳　光　明	已　　出　　版
墨　　　　　子	王　讚　源	已　　出　　版
公　孫　龍　子	馮　耀　明	已　　出　　版
韓　　　　　非	李　甦　平	已　　出　　版
淮　　南　　子	李　　　增	已　　出　　版
董　　仲　　舒	韋　政　通	已　　出　　版
揚　　　　　雄	陳　福　濱	已　　出　　版
王　　　　　充	林　麗　雪	已　　出　　版
王　　　　　弼	林　麗　真	已　　出　　版
郭　　　　　象	湯　一　介	已　　出　　版
阮　　　　　籍	辛　　　旗	已　　出　　版
劉　　　　　勰	劉　綱　紀	已　　出　　版
周　　敦　　頤	陳　郁　夫	已　　出　　版
張　　　　　載	黃　秀　璣	已　　出　　版
李　　　　　覯	謝　善　元	已　　出　　版
楊　　　　　簡	鄭　曉　江 / 李　承　貴	已　　出　　版
王　　安　　石	王　明　蓀	已　　出　　版
程　顥　、　程　頤	李　日　章	已　　出　　版
胡　　　　　宏	王　立　新	已　　出　　版
朱　　　　　熹	陳　榮　捷	已　　出　　版
陸　　象　　山	曾　春　海	已　　出　　版

世界哲學家叢書 (二)

書　　　　　　名	作　　　者	出　版　狀　況
王　　廷　　相	葛　榮　晉	已　　出　　版
王　　陽　　明	秦　家　懿	已　　出　　版
李　　卓　　吾	劉　季　倫	已　　出　　版
方　　以　　智	劉　君　燦	已　　出　　版
朱　　舜　　水	李　甦　平	已　　出　　版
戴　　　　震	張　立　文	已　　出　　版
竺　　道　　生	陳　沛　然	已　　出　　版
慧　　　　遠	區　結　成	已　　出　　版
僧　　　　肇	李　潤　生	已　　出　　版
吉　　　　藏	楊　惠　南	已　　出　　版
法　　　　藏	方　立　天	已　　出　　版
惠　　　　能	楊　惠　南	已　　出　　版
宗　　　　密	冉　雲　華	已　　出　　版
永　　明　　延　　壽	冉　雲　華	已　　出　　版
湛　　　　然	賴　永　海	已　　出　　版
知　　　　禮	釋　慧　岳	已　　出　　版
嚴　　　　復	王　中　江	已　　出　　版
康　　有　　為	汪　榮　祖	已　　出　　版
章　　太　　炎	姜　義　華	已　　出　　版
熊　　十　　力	景　海　峰	已　　出　　版
梁　　漱　　溟	王　宗　昱	已　　出　　版
殷　　海　　光	章　　　清	已　　出　　版
金　　岳　　霖	胡　　　軍	已　　出　　版
張　　東　　蓀	張　耀　南	已　　出　　版
馮　　友　　蘭	殷　　　鼎	已　　出　　版

世界哲學家叢書（三）

書　　　　名	作　　者	出　版　狀　況
牟　　宗　　三	鄭　家　棟	排　　印　　中
湯　　用　　彤	孫　尚　揚	已　　出　　版
賀　　　　麟	張　學　智	已　　出　　版
商　　羯　　羅	江　亦　麗	已　　出　　版
辨　　　　喜	馬　小　鶴	已　　出　　版
泰　　戈　　爾	宮　　　靜	已　　出　　版
奧羅賓多・高士	朱　明　忠	已　　出　　版
甘　　　　地	馬　小　鶴	已　　出　　版
尼　　赫　　魯	朱　明　忠	已　　出　　版
拉達克里希南	宮　　　靜	已　　出　　版
李　　栗　　谷	宋　錫　球	已　　出　　版
空　　　　海	魏　常　海	排　　印　　中
道　　　　元	傅　偉　勳	已　　出　　版
山　鹿　素　行	劉　梅　琴	已　　出　　版
山　崎　闇　齋	岡田武彥	已　　出　　版
三　宅　尚　齋	海老田輝巳	已　　出　　版
貝　原　益　軒	岡田武彥	已　　出　　版
荻　生　徂　徠	王　祥　齡 劉　梅　琴	已　　出　　版
石　田　梅　岩	李　甦　平	已　　出　　版
楠　本　端　山	岡田武彥	已　　出　　版
吉　田　松　陰	山口宗之	已　　出　　版
中　江　兆　民	畢　小　輝	已　　出　　版
蘇格拉底及其先期哲學家	范　明　生	排　　印　　中
柏　　拉　　圖	傅　佩　榮	已　　出　　版
亞　里　斯　多　德	曾　仰　如	已　　出　　版

世界哲學家叢書 (四)

書　　　　　名	作　　者	出　版　狀　況
伊　壁　鳩　魯	楊　　適	已　出　版
愛　比　克　泰　德	楊　　適	已　出　版
柏　　羅　　丁	趙　敦　華	已　出　版
伊　本　·　赫　勒　敦	馬　小　鶴	已　出　版
尼　古　拉　·　庫　薩	李　秋　零	已　出　版
笛　　卡　　兒	孫　振　青	已　出　版
斯　賓　諾　莎	洪　漢　鼎	已　出　版
萊　布　尼　茨	陳　修　齋	已　出　版
牛　　　　頓	吳　以　義	已　出　版
托　馬　斯　·　霍　布　斯	余　麗　嫦	已　出　版
洛　　　　克	謝　啓　武	已　出　版
休　　　　謨	李　瑞　全	已　出　版
巴　　克　　萊	蔡　信　安	已　出　版
托　馬　斯　·　銳　德	倪　培　民	已　出　版
梅　　里　　葉	李　鳳　鳴	已　出　版
狄　　德　　羅	李　鳳　鳴	排　印　中
伏　　爾　　泰	李　鳳　鳴	已　出　版
孟　德　斯　鳩	侯　鴻　勳	已　出　版
施　萊　爾　馬　赫	鄧　安　慶	已　出　版
費　　希　　特	洪　漢　鼎	已　出　版
謝　　　　林	鄧　安　慶	已　出　版
叔　　本　　華	鄧　安　慶	已　出　版
祁　　克　　果	陳　俊　輝	已　出　版
彭　　加　　勒	李　醒　民	已　出　版
馬　　　　赫	李　醒　民	已　出　版

世界哲學家叢書（五）

書 名	作 者	出 版 狀 況
迪　　　　昂	李　醒　民	已　　出　　版
恩　格　斯	李　步　樓	已　　出　　版
馬　克　思	洪　鐮　德	已　　出　　版
約　翰　彌　爾	張　明　貴	已　　出　　版
狄　爾　泰	張　旺　山	已　　出　　版
弗　洛　伊　德	陳　小　文	已　　出　　版
史　賓　格　勒	商　戈　令	已　　出　　版
韋　　　　伯	韓　水　法	已　　出　　版
雅　斯　培	黃　　藿	已　　出　　版
胡　塞　爾	蔡　美　麗	已　　出　　版
馬克斯·謝勒	江　日　新	已　　出　　版
海　德　格	項　退　結	已　　出　　版
高　達　美	嚴　　平	已　　出　　版
盧　卡　奇	謝　勝　義	已　　出　　版
哈　伯　馬　斯	李　英　明	已　　出　　版
榮　　　　格	劉　耀　中	已　　出　　版
皮　亞　傑	杜　麗　燕	已　　出　　版
索　洛　維　約　夫	徐　鳳　林	已　　出　　版
費　奧　多　洛　夫	徐　鳳　林	已　　出　　版
別　爾　嘉　耶　夫	雷　永　生	已　　出　　版
馬　賽　爾	陸　達　誠	已　　出　　版
阿　圖　色	徐　崇　溫	已　　出　　版
傅　　　　科	于　奇　智	已　　出　　版
布　拉　德　雷	張　家　龍	已　　出　　版
懷　特　海	陳　奎　德	已　　出　　版

世界哲學家叢書（六）

書　　　　　名	作　　者	出　版　狀　況
愛　因　斯　坦	李　醒　民	已　　出　　版
皮　　爾　　遜	李　醒　民	已　　出　　版
玻　　　　爾	戈　　革	已　　出　　版
弗　雷　格	王　　路	已　　出　　版
石　里　克	韓　林　合	已　　出　　版
維　根　斯　坦	范　光　棣	已　　出　　版
艾　耶　爾	張　家　龍	已　　出　　版
奧　斯　丁	劉　福　增	已　　出　　版
史　陶　生	謝　仲　明	已　　出　　版
馮　·　賴　特	陳　　波	已　　出　　版
赫　　　　爾	孫　偉　平	已　　出　　版
愛　默　生	陳　　波	已　　出　　版
魯　一　士	黃　秀　璣	已　　出　　版
普　爾　斯	朱　建　民	已　　出　　版
詹　姆　士	朱　建　民	已　　出　　版
蒯　　　　因	陳　　波	已　　出　　版
庫　　　　恩	吳　以　義	已　　出　　版
史　蒂　文　森	孫　偉　平	已　　出　　版
洛　爾　斯	石　元　康	已　　出　　版
海　耶　克	陳　奎　德	已　　出　　版
喬　姆　斯　基	韓　林　合	已　　出　　版
馬　克　弗　森	許　國　賢	已　　出　　版
尼　布　爾	卓　新　平	已　　出　　版